Raimund Kaindl

Die Huzulen

Ihr Leben, ihre Sitten, und ihre Volksüberlieferung

Raimund Kaindl

Die Huzulen
Ihr Leben, ihre Sitten, und ihre Volksüberlieferung

ISBN/EAN: 9783743618671

Hergestellt in Europa, USA, Kanada, Australien, Japan

Cover: Foto ©ninafisch / pixelio.de

Manufactured and distributed by brebook publishing software
(www.brebook.com)

Raimund Kaindl

Die Huzulen

DIE HUZULEN.

IHR LEBEN

IHRE SITTEN UND IHRE VOLKSÜBERLIEFERUNG

GESCHILDERT VON

DR RAIMUND FRIEDRICH KAINDL

DOCENT AN DER UNIVERSITÄT IN CZERNOWITZ.

MIT UNTERSTÜTZUNG DER ANTHROPOLOGISCHEN GESELLSCHAFT IN WIEN.

MIT 30 ABBILDUNGEN IM TEXT UND EINER FARBENDRUCKTAFEL.

WIEN 1894.

ALFRED HÖLDER

K. U. K. HOF- UND UNIVERSITÄTS-BUCHHÄNDLER

I. ROTHENTHURMSTRASSE 15.

Druck von Ch. Reisser und M. Werthner in Wien.

VORREDE.

Seit etwa zehn Jahren in meinen Mussestunden mit der Volkskunde der Bukowina beschäftigt, wandte ich mein Interesse seit dem Jahre 1886 vorzüglich den Huzulen zu. In den Jahren 1886, 1887 und 1889 lernte ich einen Theil ihres Gebietes kennen und machte die ersten Aufzeichnungen. Indessen hatte ich auch die Volkskunde der Rutenen nicht ausser Acht gelassen, weil diese mir zur richtigen Erkenntniss des Volksstammes der Huzulen unumgänglich nothwendig schien. Mit Hilfe des Pfarrers Alex. Manastyrski konnte ich diesen Theil meiner Forschungen schon im Jahre 1889 abschliessen und die Ergebnisse derselben in den zwei Heften „Die Rutenen in der Bukowina" (bei Pardini, Czernowitz 1889 und 1890) nieder-legen. In demselben Jahre erhielt ich Aufzeichnungen über die Huzulen von den Herren Pfarrern G. Hanicki in Sergie und G. Baloszeskul in Dichtenitz. Im folgenden Jahre vertraute mir die Anthropologische Ge-sellschaft in Wien zwei Hefte mit Materialien über die Huzulen an, welche derselben durch Vermittlung des Herrn Oberstlieutenants von Himmel von denselben Herrn zugegangen waren. Ein drittes Heft, das mir die Anthro-pologische Gesellschaft zur Verfügung stellte und das von einem Ungenannten aus Russ.-Moldawitza herrührte, bot wenig Verwendbares. Hierauf habe ich im Sommer des Jahres 1891 und sodann im Jahre 1892 dreimal, nämlich zu Weihnachten, Ostern und endlich im Sommer, das Huzulengebiet aufgesucht, für welche letztere Reise mir die Anthropologische Gesellschaft eine nicht unbedeutende Geldsumme zur Verfügung stellte. Vor Allem gewann ich aber während meinen letzten Reisen in Frl. Ludmilla Kisslinger in Uście-ryki-Jasienów górny und Herrn H. Schärf in Seletyn eifrige Förderer meiner Arbeit, wie denn auch Hochwürden Hanicki und seine Familie mich stets in freundschaftlichster Weise bei derselben unterstützten.

Auf diese Weise wurde das Material gesammelt, auf Grund dessen ich eine Schilderung des Lebens, der Sitten und des Volksglaubens der Huzulen versucht habe. Meine Darstellung umfasst nicht alle Huzulen, denn ich kenne diejenigen im Prutthale nicht aus eigener Anschauung; mein Grund-satz aber war bei der vorliegenden Arbeit, ebenso wie bei jener über die

Rutenen, gedrucktes Material nicht zu berücksichtigen. So entsprechen meine Schilderungen vorzüglich den Verhältnissen des Czeremoszthales im weitesten Sinne, also dem Centrum der Huzulen, und denjenigen im Suczawathale. Wie der Huzule in diesen Gebieten leibt und lebt, was er glaubt und was er kann, das zu schildern und dem Leser möglichst anschaulich und wahrheitsgemäss vor Augen zu führen, ist der Zweck der folgenden Blätter. Sie sollen aber auch manche weitverbreitete irrige Anschauung über die Huzulen richtigstellen und ferner, wie vielleicht manche meiner anderen Arbeiten zur Heimatskunde der Bukowina, anregend wirken. Nur wenn in jedem Dorfe sich ein kundiger und gewissenhafter Beobachter des Volkslebens finden wird, könnte die Volkskunde so recht gedeihen! Und in jeder Huzulenansiedlung könnte man in Jahr und Tag wohl ebensoviel Stoff sammeln, als mir in den Aufzeichnungen vorliegt, die theils ich, theils Andere in verschiedenen Theilen des Huzulengebietes gemacht haben und die hier zu einem Ganzen verbunden erscheinen. Eine kurze Mittheilung über die Wohnsitze, Abstammung, die Sprache und den Namen der Huzulen, welche ich vorausschicke, dürfte nicht unwillkommen sein. Ich hoffe auf diese Gegenstände bei anderer Gelegenheit ausführlicher zurückzukommen, wobei dann auch die Parallele zwischen Huzulen, Rumänen und Rutenen gezogen und einzelne Erscheinungen des Volkslebens und Volksglaubens erklärt werden sollen.

Die Abbildungen in dem vorliegenden Buche sind, wo nicht anders bemerkt, nach meinen Skizzen angefertigt worden. Die Trachtenbilder wurden bis auf eines nach Photographien des bekannten, für seine Leistungen insbesondere auf ethnographischem Gebiete vielfach ausgezeichneten Photographen J. Dutkiewicz in Kolomea hergestellt. Ueber die Farbendrucktafel sind die derselben beigegebenen Erläuterungen zu vergleichen.

Am Schlusse spreche ich allen oben genannten Förderern meiner Arbeit den besten Dank aus: derselbe gebührt insbesondere noch meinem Freunde, Herrn Dr. W. Hein, der während meiner Abwesenheit von Wien mir bei der Correctur behilflich war, ferner der Anthropologischen Gesellschaft und der Verlagsbuchhandlung für die schöne Ausstattung des Buches. Möge dasselbe als ein Beitrag zur Kunde eines wenig bekannten Volksstammes freundliche Berücksichtigung finden.

Jasienów górny, 23. Sept. 1893.

K.

INHALTS-ÜBERSICHT.

EINLEITUNG.

Die Huzulen bewohnen die nordöstlichen Abhänge des karpatischen Waldgebirges. Im Westen grenzen sie an die Boiken, deren Sitze um Skole und Turka liegen; am Nord- und Ostfusse des Gebirges sind die Russnaken ihre Nachbarn; im Süden stossen sie im Thale der Suczawa, dann an der Moldawa und Bistritz mit den Rumänen zusammen; am Kamme der Karpaten gehen sie in die Werchowiner über, welche den Südhang besiedeln. Die Wohnsitze der Huzulen vertheilen sich somit auf die zwei österreichischen Provinzen Galizien und Bukowina. Es ist ein rauhes und unwegsames Bergland, das sie bewohnen. Die Zahl der Pässe ist höchst gering; und in der Czorna Hora, dem sagenberühmten schwarzen Berge, erreichen die Bergzüge eine Höhe von über 2000 m [1]. In der ersten Hälfte des vergangenen Jahrhunderts erscheint der östliche Theil dieser Gebiete noch als eine Waldwildniss mit einer höchst spärlichen und beweglichen Bevölkerung. Gegenwärtig beträgt die mittlere Dichte in den Ostkarpaten 34 Bewohner auf 1 km^2; doch sinkt sie in einzelnen Gebieten noch viel tiefer herab. Im Suczawathale wohnen nur acht Menschen auf 1 km^2 [2]. Die Gesammtzahl der Huzulen lässt sich nicht angeben, weil dieselben bei den Volkszählungen mit den Rutenen identificirt werden. Berechnet könnte sie nur dann werden, wenn zunächst genau die Grenze der Huzulen gegen die Rutenen bestimmt würde. Diese Arbeit, die leider für den einzelnen Forscher sehr bedeutende Schwierigkeiten bietet, könnte durch die politischen Behörden mit Leichtigkeit gelöst werden.

Die Boiken, Russnaken und Werchowiner, welche wir unter den Nachbarn der Huzulen nannten, gehören jenem slavischen Volksstamme an, den man mit einem allgemein üblichen, aber nicht volksthümlichen Namen als Rutenen bezeichnet. Auch die Huzulen werden officiell zu den Rutenen gezählt; aber sie unterscheiden sich wenigstens von den Boiken und Russ-

---

[1] Ueber die Czorna Hora als Cultstätte der Huzulen werde ich demnächst im „Ausland" handeln.

[2] Vergl. meine Aufsätze „Ueber die Besiedelung der Bukowina" und „Die Vertheilung der Siedelungen in der Bukowina" (Mittheilungen der k. k. geogr. Gesellschaft in Wien, 1894).

naken so sehr, dass man sich betreffs ihres Ursprunges zu zahlreichen Ver-
muthungen veranlasst sah. Abgesehen von völlig unsinnigen Ansichten
glaubte man in den Huzulen slavisirte Reste der Skythen, Gothen, der
Kumanen und Mongolen erblicken zu können; eine andere Meinung ging
dahin, dass die Huzulen aus Rumänen und Rutenen bestünden; schliesslich
hält man die Huzulen auch geradezu für ein „Mischvolk", das aus den verschiedenartigsten Elementen in jüngerer Zeit hervorgegangen sei. Wer die
Geschichte des Ostkarpatenlandes übersieht, der wird in der That nicht
leugnen, dass in den Huzulen verschiedene Volkselemente aufgegangen sein
könnten. Schon in ältester Zeit mussten von den aus Osten heranstürmenden
Völkern die am Fusse der Karpaten sitzenden in das Gebirge zurückgedrängt
worden sein. Gerade das gegenwärtig von den Huzulen bewohnte Gebiet,
dessen Thäler sich gegen Osten und Norden öffnen, ist aber offenbar umsomehr als Zufluchtsstätte aufgesucht worden, als gerade das Vorland dieses
Gebirgstheiles unzählige Male von den Völker- und Kriegsstürmen durchtobt
wurde. Noch im XVIII. Jahrhundert war das Bergland am Czeremosz und
wohl nicht minder an den anderen Wasserläufen eine Sammelstätte für
Flüchtlinge aus dem Hügellande.

Wenn man aber auch wird zugeben müssen, dass in den Thälern der
Moldawa und Suczawa, des Czeremosz und Prut Angehörige verschiedener
Völker schon seit der ältesten Zeit gewohnt haben mögen, so wird andererseits nicht bestritten werden können, dass unter denselben die Slaven das
Uebergewicht hatten. Seit dem IV. Jahrhundert wohnen diese am Fusse
der Karpaten[1]; durch den Andrang der Avaren, Ungarn und Petschenegen,
weniger durch die Kumanen, intensiver durch die Mongolen mussten sie in
überwiegender Zahl in die Karpatenthäler gestossen worden sein. Ihnen
gegenüber traten sicher alle hier vorhandenen Elemente zurück. Hauptsache
bleibt es schliesslich, dass die Huzulen in Sprache, Sitte und Volksüberlieferung bis auf gewisse Eigenthümlichkeiten, die freilich nicht unterschätzt
werden dürfen, Slaven sind und ihren slavischen Nachbarn gleichen. Nationen,
welche auf einer niedrigen Culturstufe stehen, können andere Volkselemente
nur sich assimilieren, wenn sie denselben an Zahl überlegen sind. Dieser
Thatsache gegenüber kann vernünftiger Weise nicht geleugnet werden,
dass die Hauptmasse der Huzulen slavischer Herkunft ist.

Dafür spricht vor Allem auch die Nomenclatur im Gebiete der Huzulen:
dieselbe ist vorwiegend, ja fast ausschliesslich slavisch. Daneben gibt es
besonders noch rumänische Namen, wie z. B.: *Dil, Perkalab, Pire, Rotundul*
und *Radul.* Unter den huzulischen Familiennamen findet man rumänische,
ungarische, polnische, armenische, ja selbst deutsche; doch treten dieselben
nur in sehr geringer Zahl auf und rühren — vielleicht mit Ausnahme der
rumänischen — offenbar von einzelnen Einwanderern her. Die grosse Menge
der Namen ist den rutenischen gleichlautend, also slavisch.

[1] Vergl. Kaindl und Manastyrski, Die Rutenen in der Bukowina, I. (1889), S. 12;
Kaindl, Geschichte der Bukowina, I. (1888).

Der Sprachschatz der Huzulen ist noch nicht genügend untersucht: doch ist es unzweifelhaft, dass derselbe bis auf einen Bruchtheil slavisch ist; von der Form der Sprache gilt dieses ausschliesslich. Der Rutene kann sich mit dem Huzulen im Allgemeinen gut verständigen. Der lautliche Unterschied zwischen beiden Sprachen besteht zumeist darin, dass der Huzule in vielen Fällen ein *e* spricht, wo der Rutene ein *a* setzt, z. B.: huz. *jehoda*, rut. *jahoda* == Erdbeere: huz. *Jekiu*, rut. *Jakiu* == Jacob; huz. *mieso*, rut. *miaso* == Fleisch.[1] Grössere Schwierigkeiten bieten die verderbten, selbstgebildeten oder in übertragener Bedeutung gebrauchten Wörter des Huzulen, wie z. B.: huz. *zaterysty* == rut. *raterty*; *mucholap* == Fliegenfänger, d. h. Zoologe: huz. *poridkowaty* == beichten, während es rut. ordnen bedeutet. Schliesslich enthält die Sprache des Huzulen eine Reihe von Fremdwörtern. Der grösste Theil derselben ist offenbar rumänisch: *bouhar* == Hirt; *budz* == Käslaib: *carynka* == Heuwiese; *portaty* == tragen; *watra* == Feuer; *were* == ist's wahr, u. dgl. m.; hiebei ist es bemerkenswerth, dass die meisten dieser Ausdrücke der Vieh- und Milchwirthschaft entnommen sind, während derjenige Theil des huzulischen Wortschatzes, der den Feld- und Gartenbau betrifft, slavisch ist. Man will im huzulischen Dialecte auch kumanische Wörter gefunden haben: selbst der Name der Huzulen wird vom zweiten Namen der Kumanen (Uzen. Guzen) mittelst der türkischen Endung *ul* abgeleitet. Viel wahrscheinlicher ist es aber, dass dieser Name vom rumänischen *hoc*, articulirt *hoc-ul* (Räuber) abzuleiten ist. Dafür spricht vor Allem der bisher unbeachtet gebliebene Umstand, dass die Huzulen sich diesen Namen nicht so sehr selbst beilegen, als vielmehr mit demselben von ihren Nachbarn benannt werden. Sie selbst nennen sich zunächst *chrestiany* (Christen), *hirski* oder *werchoweney* (Gebirgsbewohner), *russki ludy* („rutenische" Leute), jetzt wohl auch *Huculy*, doch wird dieser Name nicht selten noch geradezu als ein Schimpfwort aufgefasst, was er ursprünglich offenbar auch war. Die Huzulin Marfa Duczyk in Seletyn gab auf die Frage, was der Name Huzule bedeute und weshalb die Leute ihn führen, wörtlich Folgendes zur Antwort: Sobald die Walachen uns erblickten, schrieen sie sofort „hucan, hucan!"[2] Hinzugefügt muss werden, dass im Huzulengebiete das Räuberunwesen noch vor wenigen Jahrzehnten in Blüthe stand, und sie selbst haben sich vor hundert Jahren als zusammengelaufenes Raubvolk bezeichnet;[3] übrigens erzählen sie noch heute gern und mit einem gewissen Stolz von ihren „opryszki", was etwa mit „edle Räuber" verdeutscht werden müsste. Schliesslich sei noch bemerkt, dass der Name Huzule durchaus nicht so alt zu sein scheint, als dass er auf die Guzen oder gar auf die Gothen zurückgehen könnte.[4]

---

[1] Uebrigens muss bemerkt werden, dass oft auch im Hügellande, wenigstens bei den Rutenen in der Bukowina, oft *e* statt *a* gesprochen wird.

[2] Jek Wit chi nas uzdrily, taj tehdy kreczyty: hucan, hucan vl. i. kotoman == grosser Dieb.

[3] Haquet, Neueste physikalisch-politische Reisen, Nürnberg 1790, I, 176 f.

[4] Nach Haquet a. a. O. III (1796), S. 17, kennt den Namen „Huzule" nicht: er nennt sie „Gebirgs-Russen" oder „die wahren Pokutier".

I.
Das Kind.

Noch lebt das Kind unter dem Herzen der Mutter, und schon waltet seiner der Volksglaube. Fühlt die Mutter zum ersten Male, dass sie guter Hoffnung ist, und blickt sie eine Person dabei scharf an, so wird das Kind dieser ähnlich. Unruhigen Charakters wird das Kind sein, wenn sich die Schwangere auf einen Fischer verschaut. Eignet sie sich aber etwa Blumen, Obst, Wolle oder dgl. in unrechtmässiger Weise an, so wird das Kind an Gesicht oder Brust Auswüchse erhalten. Isst sie von einem gestohlenen Apfel, so wird sie einen Dieb gebären. An welchem Theile des Körpers während einer Feuersbrunst die Schwangere sich betastet, an dem bekommt das Kind Feuerflecken. Dauert die Schwangerschaft kürzer als neun Monate, so ist dies ein Zeichen, dass das Weib seinem Manne untreu war. Sieht eine Frau eine ausschlagende Stute an, so erblickt das Kind erst nach zwölfmonatlicher Schwangerschaft die Welt. Hingegen soll es für das Weib von Nutzen sein, wenn es von einem Reitpferde den Sattel sammt der Reitdecke mit einem Male herunternimmt. Die Schwangeren werden mit Schonung behandelt und gewöhnlich mit dem Wunsche begleitet, es möge die Geburt leicht vor sich gehen. Wer eine Schwangere misshandelt, wird grossen Schaden in seinem Hauswesen erleiden.

Das schwangere Huzulenweib verrichtet seine Arbeiten, bis es von den Wehen ergriffen wird. Stellen sich dieselben ein, so eilt der Mann zur nächsten Nachbarin, damit diese die Dienste der Hebamme *(mosza, baba)* übernehme; nicht selten gebiert übrigens das Huzulenweib ohne alle Beihilfe. Die Gebärende wird nicht zu Bette gelegt, sondern, unter den Armen gestützt, in der Stube umhergeführt und nimmt dann eine hockende Stellung ein, bis das Kind auf dem mit groben Teppichen belegten Boden liegt. Geschieht die Geburt um Mittagszeit, so ist es ein Zeichen, dass das Kind unglücklich sein werde: glücklich sind dagegen die Kinder, die mit Tagesanbruch geboren werden. Kräht der Hahn während der Geburt, so gilt dieses als schlechtes Vorzeichen. Das grösste Glück bedeutet die Geburt im „Hemdchen" oder „Häubchen". Werden Zwillinge geboren, so wird eines der Eltern bald sterben oder das Hauswesen in Armuth und Verfall gerathen; Andere sagen, dass die Geburt von Zwillingen oder

Drillingen geradezu eine Strafe Gottes sei. Bei der Geburt erhält jeder Mensch seinen Stern am Himmel und seinen Schutzengel. Letzteren ruft er beim Beginn wichtiger Arbeiten, vor Allem aber bei Gefahren, mit den Worten an: „Schutzengel, hilf mir *(anhelu chranyfelu chrany mene)*". Fällt aber sein Stern vom Himmel, so stirbt der Mensch.

Mutter und Kind werden, damit sie vor bösen Blicken geschützt sind, hinter einer linnenen Verhüllungswand gebettet. Zu demselben Zwecke legt man die Scheere, mit welcher die Nabelschnur durchschnitten wurde, unter den Kopf der Wöchnerin. Um den Hals des Kindes bindet man aber in derselben Absicht ein Kreuzchen aus dem Holze der Silberpappel *(osyna)* und ein Knoblauchstück, oder man windet um das rechte Händchen ein rothes Band. Ebenso zündet man sofort nach der Geburt des Kindes ein Licht an, damit der Teufel das Kind nicht vertauschen könne. Ein Wechselbalg, den der Teufel bringt, bleibt im Wachsthum zurück und sucht seinen Zieheltern stets Schlechtes zuzufügen. Sind sie vom Hause abwesend, so wirthschaftet er übel allüberall. Vermuthen aber die Eltern einen derartigen Streich des Teufels, so schlagen sie das Kind so lange mit dem Besenstiel, bis der Teufel sich des Balges erbarmt, ihn davonführt und das richtige Kind wieder an seine Stelle setzt. Ebenso darf die Mutter, damit der Teufel das Kind nicht vertausche, dasselbe bis zur Taufe im Bette nicht hinter sich legen.

Das Licht, welches gleich nach der Geburt angezündet wurde, muss so lange brennen, bis die Hebamme den Priester um das vorgeschriebene Gebet ersucht und von ihm Weihwasser geholt hat. Mit demselben wird zum Schutze gegen alles Böse die Stube besprengt und hierauf ein Theil der Wöchnerin zum Trinken und zum Abwaschen des Kopfes und der Brust gereicht, der Rest aber dem Kinde in das Bad gemischt. Dieses darf erst den andern Tag nach Sonnenaufgang weggegossen werden, damit das Kind den Schlaf nicht verliere. Hat aber das Kind keinen Schlaf, so holt man aus drei verschiedenen Brunnen Wasser, und zwar aus dem einen früh, aus dem zweiten um Mittag, aus dem dritten abends. In diesem Wasser badet man das Kind. Als Wiege dient in der Regel ein Teigtrog oder ein trogähnlicher Behälter, der an Schnüren schwebt. Wer das Kind anschaut, muss es anhauchen und hierauf ausspucken, um es nicht zu beschreien. Ebenso darf aus einem Hause, in dem ein Kind geboren wurde, nichts ausgeliehen werden. Erwähnt sei noch, dass über ein Kind, das etwa auf dem Boden liegt, Niemand hinwegschreiten darf, weil es sonst im Wachsthum zurückbleiben würde.

Schon den zweiten oder dritten Tag steht die Wöchnerin gewöhnlich auf, unterbindet sich und verrichtet die leichteren Arbeiten.[1] An diesem

[1] Als ein specielles Beispiel der ungewöhnlichen Ausdauer der huzulischen Weiber mag Folgendes angeführt werden: Von der Seletyner Insassin Maria Perkarecha wird erzählt, dass sie vor ihrer Entbindung eine grosse Menge Branntwein trank, nach derselben aber eine Schüssel Sauerkraut verzehrte. Als hierauf zufälliger Weise ein Geiger in der Nähe des Hauses aufspielte, konnte das Weib, kaum eine Stunde nach der Entbindung, sich nicht enthalten, eine „Huzulka" zu tanzen; ja sie führte schliesslich auf einer reckartig neben dem Hause angebrachten Stange allerlei Schwingungen aus.

Tage wird auch die Hebamme entlassen. Bevor dieses geschieht, giesst die Wöchnerin der Amme dreimal Wasser auf die Hände, wäscht und trocknet sie mit der Leinwand, welche derselben für ihre Dienste geschenkt wird. Dann reichen sich beide Frauen über dem Kinde die Hände und bitten einander dreimal gegenseitig um Vergebung für die ausgestandenen Qualen und Mühen. Jetzt finden sich auch die Verwandten und die Freunde ein mit Geschenken, die aus Butter, Käse, Milch, Speck, Getreide, Leinwand u. dgl. bestehen, und sprechen ihren Wunsch aus: „Gebe Gott, dass das Kind zur Freude der Eltern wachse und gedeihe; möge es nie auf einen schlechten Ort *(leche* oder *zle misce)* treten" oder dgl. Die Mutter gilt aber noch als unrein. Erst in einigen Tagen darf sie ausgehen, und zwar zunächst zum Priester, damit er über sie das Reinigungsgebet spreche; es würden sonst insbesondere die Felder, welche das Weib betritt, verunreinigt werden. Vierzig Tage nach der Geburt darf endlich die Frau mit dem Kinde auch in die Kirche kommen, wo neuerdings ein Reinigungsgebet verrichtet wird.

Das Kind ist indessen schon auch getauft worden. Kam es krank zur Welt, so wurde die Taufe wohl noch am ersten Tage vollzogen; denn ein ungetauftes Kind, das aus dem Leben scheidet, fällt dem Teufel anheim. Sieben Jahre lang irrt seine Seele — wie Viele glauben, in Vogelgestalt — umher und fleht um die Taufe. Dieselbe kann jeder Mensch vollziehen, der die Bitte hört, indem er die gewöhnliche Taufformel spricht. Hat das Kind aber die Taufe auch auf diese Weise nicht erlangt, dann wird es geradezu ein Teufel *(nauka)*. Gewöhnlich findet aber die Taufe nach einer bis drei Wochen statt. Zu Pathen werden Verwandte und Freunde geladen, selten jedoch Nachbarn, weil mit diesen oft Gelegenheit zu Streitigkeiten sich darbietet, mit Pathen in Feindschaft zu leben aber als schwere Sünde gilt. Gerne wählt man Schwangere zu Taufpathinnen; denn deren Täuflinge bleiben gesund und haben Glück. Die Schwangeren willigen aber selten ein, weil dies ihr Kind schädigen würde. Hält aber ein Zigeuner ein Kind zur Taufe, so wird es in der Zucht und im Handel mit Pferden viel Glück haben. Stets streben die Eltern möglichst viele Pathen zu haben; bei reichen Wirthen zählt man oft auch zehn. Den erstgeborenen Kindern wird mit Vorliebe der Name der Grosseltern beigelegt. Sonst benennt man das Kind auch nach dem Namen des Heiligen, an dessen Tage es geboren ist; nur in diesem Falle feiert der Huzule, wenn er einmal ein wohlhabender Wirth geworden ist, mit seinen Verwandten und Freunden den Namenstag; fällt nämlich dieser nicht auf den gebotenen Feiertag eines Heiligen, so kennt er ihn in der Regel ebenso wenig wie seinen Geburtstag und kann ihn daher auch nicht feiern. In den meisten Fällen wird übrigens die Wahl der Namen dem Priester überlassen.

Wenn die Lichter der Taufpathen nach vollzogener Taufhandlung sich nicht leicht auslöschen lassen, so wird dem Täufling langes Leben prophezeit. Nach der Taufe begeben sich die Taufpathen mit dem Kinde zur Mutter, zünden wieder die Tauflichter an und übergeben derselben das Kind mit den Worten: „Ziehet das Kind gesund auf." Hiebei legen sie auf das Kind ein kleines Geldgeschenk oder reichen der Wöchnerin wohl auch ein Stück Leinwand. Dann werden die Pathen bewirthet und zum Schlusse erhält jeder derselben von der Mutter zwei Brote, von denen je eines die Pathen der Hebamme übergeben.

Nach dem Reinigungsgebete in der Kirche — also vierzig Tage nach der Geburt des Kindes — nie früher, oft aber erst auch zwei Jahre später, fragen die Eltern des Kindes bei den Pathen an, ob sie von ihnen *kolaczi*, das sind in Kranzform geflochtene Weizenbrote, „annehmen" wollten. Die Pathen bejahen, und die Eltern bestimmen den Tag, an dem sie sich ein-stellen würden, um das „Kolatschenfest *(kolaczyny)*" zu feiern [1]. Für diesen Tag bereiten die Pathen ein Festmahl vor, und die Eltern kommen mit sechs Kolatschen und zwei bis vier Mass Branntwein zu Gaste. Die mitgebrachten Gaben übergeben die Eltern, falls das Kind noch am Leben ist, in die Hände der Pathen; ist dieses aber gestorben, so zünden sie die Lichter an, und indem sie diese sammt den Kolatschen auf den Boden der Stube nieder-setzen, sagen sie: „Bitte die Kolatschen für das Seelenheil des N. N. an-zunehmen." Lebt hingegen das Kind, so findet die erwähnte Uebergabe der Kolatschen mit den Worten statt: „Bitte *kumy* (Pathen) auf Kolatschen, von Gott gross, von uns klein." Zum Kolatschenfeste werden auch die Nachbarn und Freunde eingeladen. Nach der Bewirthung unterhält man sich mit Tanz oder Gesellschaftsspielen bis zum nächsten Tage. Beim Abschiede gibt der Pathe den Eltern des Kindes einen Kolatschen zugleich mit einer Schüssel voll Feldfrüchten zurück und schenkt ihnen überdies je nach Vermögens-umständen ein Kalb, Schaf, Lamm oder Schwein; diesen Thieren wird stets ein rother Wollfaden um den Hals gebunden. Hat der Pathe keine Haus-thiere, so gibt er Kleidungsstücke zum Geschenke. Diese Gaben heissen *ofrauszczyna* oder *firauszczyna*, d. h. Opferung.

Die Kinder werden selten an der Mutterbrust genährt, vielmehr dient ihnen Kuh- oder Schafmilch zur Nahrung. Um dieselbe dem Kinde zu bieten, wird ein Ziegenhorn an spitzen Ende durchbohrt und mit einem Leinwand-säckchen versehen. Dieses letztere wird dem Kinde statt der Brust in den Mund geschoben. Gewöhnlich gibt die Huzulin an, dass sie das Kind nicht säugen könne, weil ihr keine Milch zufliesse. Hat aber eine Huzulin allzu viel Milch, so drückt sie die Brust über eine Messerschärfe aus; das Uebel soll dann aufhören. Auch pflegt man dem Kinde einen Löffel voll Abwasch-wasser in den Mund zu giessen, damit es nicht im Essen wählerisch sei. Einige wenden dieses Mittel gleich nach der Geburt an, Andere erst, nach-dem das Kind entwöhnt worden ist.

Im Uebrigen trägt die Huzulin wenig Sorge für das körperliche Wohl ihrer Kinder. Dieselben sehen daher sehr oft blass und elend aus. Das Sterbeprocent ist sehr bedeutend. Von den in Sergie geborenen Kindern starb z. B. nach einem dreijährigen Durchschnitte etwa die Hälfte im Alter

[1] Haben dieselben Pathen etwa mehrere Kinder zur Taufe gehalten, so wird wohl von ihnen allen Eltern derselbe Termin gestellt, wie dann überhaupt die Einladung zum Feste durch die Pathen selbst erfolgt.

vor weniger als vier Jahren, und in Seletyn soll dieses Procent noch eine bedeutendere Höhe erreichen. Es ist natürlich, dass dieser frühe Tod die schwächlichen Kinder trifft, und daher im Allgemeinen die Huzulen ein kräftiger Menschenschlag sind. Besonders raffen epidemische Krankheiten die Kinder hinweg. So sind in Dolhopole beispielsweise im Jahre 1871 zweiundfünfzig Knaben geboren worden; von diesen erschienen aber in Folge der Diphtheritis-Epidemie, welche im Jahre 1873 wüthete, im Jahre 1892 nur fünf auf dem Assentplatze. Wenn daher statistische Arbeiten[1]) für einzelne Theile des Huzulengebietes ein grosses Zuwachsprocent aufweisen, so ist dasselbe insbesondere auf die Einwanderung, ferner auch auf die Vermehrung der Israeliten durch stärkeren Nachwuchs zu setzen.

Ebensowenig wie mit der körperlichen geben sich die Eltern mit der geistigen Erziehung ihrer Kinder besondere Mühe. Im übrigen beobachten sie den Kindern gegenüber die Grundsätze: „Den Kindern Freiheit gewähren, heisst sich Unfreiheit bereiten" und „liebe das Kind wie die Seele, schüttle es aber wie den Birnbaum"; bei letzterem Erziehungsprincip liegt natürlich der Nachdruck auf dem zweiten Theile desselben. Der Schule sind weder die Eltern noch die Kinder geneigt, und die Besiedelungsverhältnisse des Gebirges bringen es mit sich, dass selbst bei besserem Willen der Besuch der Schule zum Theil unmöglich gemacht wird. „So wild und roh" — bemerkt übrigens ein verlässlicher Gewährsmann[2]) — „das Kind in die Schule eintreten mag, so leicht lässt sich dasselbe durch eine entsprechende Behandlung und Anleitung in gesittete Bahnen lenken, und es ist im Allgemeinen zu berichten, dass das Huzulenkind bei wohlwollender Unterweisung seitens seines Lehrers ein Benehmen gegenüber Seinesgleichen sowie gegenüber Aelteren und Standespersonen sich aneignet, welches im Durchschnitte viel lobenswerther genannt werden könnte, als das Benehmen der städtischen Kinder es ist." Sehr ungünstig wirkt auf die sittliche Entwicklung der Kinder in vielen Beziehungen das schlechte Beispiel der Eltern. Zwischen den Kindern Armer und Reicher ist in Bezug auf die Erziehung kein Unterschied bemerkbar. Auch im gegenseitigen Umgange macht sich zwischen reichen und armen Kindern kein Unterschied geltend. Eigentliche Kinderspiele sind nicht zu verzeichnen, weil die meist vereinzelt wohnenden Kinder keine haben.

II.

Bursch und Mädchen.

Solange die Huzulenkinder unerwachsen sind, findet zwischen den männlichen und weiblichen fast keine Annäherung statt. Es ist dieses nicht etwa die Folge einer Anleitung der Eltern durch mündliche Lehre oder

[1]) Mennier (in Chavanne's physik.-stat. Handatlas von Oesterreich-Ungarn): Karte der Zu- und Abnahme der Bevölkerung in dem Zeitraume 1869—1880.

[2]) Pfarrer G. Hanicki in Sergie.

lebendiges Beispiel, vielmehr scheint die Ursache ausser in dem verschiedenen Interessenkreise der Knaben und Mädchen auch noch in einem gewissen Stolze und Selbstbewusstsein der ersteren zu liegen. Dieses Verhältniss bleibt aber nur bis zum Erwachen des geschlechtlichen Triebes bestehen, welches bei der huzulischen Jugend zufolge der Lebensverhältnisse und insbesondere des verführerischen Beispieles der Aelteren frühzeitig eintritt. Mit dem Momente der zumeist schon im dreizehnten Lebensjahre eintretenden Pubertät erfolgt eine völlige Umwandlung in dem Verhältnisse zwischen Bursch und Mädchen. Sie treten in nähere Beziehung zu einander, suchen einander auf, und der Verkehr der kaum dem Kindesalter entwachsenen Jugend gestaltet sich gar bald zufolge des bösen Beispieles und der sich im Gebirge überall darbietenden Gelegenheit zu einem denkbar nahen.

Unter diesen Umständen ist es leicht erklärlich, dass es arg um die Sittlichkeit der Gebirgsbewohner steht. Zu Anfang dieses Jahrhunderts soll unter den Huzulen geradezu eine Art von Weibergemeinschaft bestanden haben, und Fremden scheinen nicht selten Weiber zugeführt worden zu sein.[1] Ebenso arg stand es damals um die Gesundheit dieser Gebirgsbewohner: ganze Ortschaften waren verseucht.[2] Gegenwärtig haben sich die Verhältnisse wohl günstiger gestaltet; doch sind dieselben noch immer im Vergleiche zu denen bei den benachbarten Anwohnern sehr ungünstig. Wie weit mitunter diese sittliche Verirrung gehen kann, ergibt sich beispielsweise aus einem im Jahre 1891 vor dem Geschworenengerichte in Czernowitz verhandelten Processe, aus dem hervorging, dass ein Huzulenweib aus Koniatyn im Bunde mit seinem Geliebten den Mann ermordete und, während noch der Leichnam im Hause lag, sich auf dem Ofen dem Sinnengenusse hingab.[3] Uebrigens sollen noch Fälle vorkommen, dass sich Huzulenweiber — wenn vielleicht auch nur im betrunkenen Zustande — geradezu selbst anbieten. Von Seletyn ist aus neuerer Zeit ein Fall bekannt, dass ein Mann mit seiner Tochter ein Kind zeugte, und in Żabie lebt ein Huzule, der mit einem Weibe ausserehelich eine Tochter zeugte, mit dieser wieder Beischlaf hielt und mit der aus dieser geborenen Enkelin sich ebenfalls geschlechtlich vermischte. Bezeichnend ist es auch, dass eine Mutter keinen Anstand nahm, fremden Reisenden mitzutheilen, ihre Tochter sei an Syphilis *(poterucha)* gestorben. Ein Bericht geht dahin, dass die Huzulenweiber vorgeben, es sei Sünde, sich einem Manne zu versagen. Andere huldigen der Meinung, dass jedes Weib die Kinder, welche es, wenn auch ausserehelich, zur Welt bringen konnte und nicht geboren hat, auf der anderen Welt werde essen müssen. In Folge

---

[1] Bidermann, Die Bukowina unter österr. Verwaltung (1875), S. 68, citirt den betreffenden Bericht des Hofcommissärs Reichmann vom 20. Juli 1804. Vergl. den speciellen Fall bei Haquet, Physik.-polit. Reisen (1794), III, 36; siehe auch ebenda S. 19 f.; an einer anderen Stelle (I, 176) berichtet Haquet, dass der Dorfrichter von Putilla geradezu einen kleinen Harem beim Hause hatte. Doch mag hier vielleicht ein durch die Hauscommunion veranlasstes Missverständniss vorliegen.

[2] Haquet a. a. O., I., 176.

[3] „Bukowiner Rundschau" 1891, 20. September, unter Gerichtssaal.

dieser Anschauungen dürfte das Procent der unehelichen Kinder nicht unbedeutend sein.[1] Ein Mann in Seletyn, namens Sergie, der die Berührung eines Weibes für sündhaft hält und sich angeblich der Zeugungskraft beraubt hat, steht unter den Huzulen völlig vereinzelt da. Die lose sittliche Anschauung derselben spiegelt sich übrigens auch in ihren Sagen und Liedern wider.

Entbehren die jungen Leute schon bei ihrer täglichen Beschäftigung, insbesondere bei den Herden und der Heuwirthschaft, nicht günstiger Gelegenheit zu vertrautem Umgang, so bieten die Tanzunterhaltungen und die bei verschiedenen Gelegenheiten veranstalteten Gesellschaftsspiele, endlich die Zusammenkünfte in den Spinnstuben weitere Veranlassung hiezu. Getanzt wird bei Hochzeiten, Taufen, Kirchweihfesten und bei der *klaka* oder *toloka*, nämlich jener gemeinsamen Hilfeleistung, welche die Dorfbewohner einander unentgeltlich leisten. Der Tanz der Huzulen, die *huculka*, besteht in einem Reigen, den Männer und Weiber, Burschen und Mädchen ohne Unterschied bilden. Alle fassen sich an den Armen oder an den Schultern und bilden einen Kreis. Neben dem ersten Reigen kann sich auch ein zweiter und dritter bilden. Die Tänzer und Tänzerinnen drehen sich nach den Tönen der Musik und unter Absingen eintöniger, improvisirter Tanzlieder nach rechts oder links, anfangs langsam, dann immer rascher. Es folgen allerlei rasche Bewegungen und tolle Luftsprünge, wobei noch hie und da die kleinen Aexte, welche die Huzulen anstatt eines Gehstockes zu gebrauchen pflegen, in die Höhe geworfen und wieder aufgefangen werden.[2] Keuchend und schweisstriefend lassen sich die Tänzer schliesslich auf ihre Sitze nieder. Getanzt wird im Wirthshause oder in den Privathäusern, in letzteren bei gutem Wetter auch im Hofe; seltener wird

---

[1] In Seletyn soll das Procent der unehelichen Kinder 40 betragen, wäre also noch immer nicht so gross als in Kärnten, wo nach Brachelli, „Statistische Skizze der österr.-ungar. Monarchie (1889)", auf 1000 Geburten 454 uneheliche fallen. Ueberdies scheint jene Angabe für Seletyn zu hoch gegriffen zu sein, oder es bestehen zwischen den einzelnen Thälern und Gemeinden bedeutende Unterschiede. In Sergie sind nämlich nach einem dreijährigen Durchschnitte nur 17% unehelich, und in vier Gemeinden am weissen Czeremosz beträgt nach einem ebenfalls dreijährigen Durchschnitte das Procent der unehelichen Kinder nur etwa 4, was fast den Verhältnissen in Dalmatien (3%) (den günstigsten in Oesterreich, entsprechen würde, für das Huzulengebiet doch aber nur als Ausnahmsfall gelten kann. Eingehende statistische Untersuchungen müssten das Nähere lehren. Hier mag nur noch auf den Umstand hingewiesen werden, dass das Procent der unehelichen Kinder in jenen Bezirkshauptmannschaften der Bukowina, welche am Gebirge participiren, bedeutend höher ist als in den Hügellandbezirken. Man vergl. vor Allem: Wiżnitz 15·4% und Storożynetz 18·2%, gegen Kotzman 7%. Das Durchschnittsprocent in der Bukowina beträgt 12·3; Stadt Czernowitz 29·2%. Vergl. den Sanitätsbericht des Herzogthums Bukowina für d. J. 1891, S. 5; die näheren Angaben für Sergie verdanke ich dem Herrn Pfarrer G. Hanicki, diejenigen für die vier Gemeinden am weissen Czeremosz Stebne, Dolhopole, Polenky und Perechrestne dem Herrn Pfarrer J. Popiel in Dolhopole. Am Schlusse wird es vielleicht nicht überflüssig sein, zu erinnern, dass das Procent der unehelichen Kinder durchaus nicht als völlig proportionales Maas der herrschenden Unsittlichkeit gelten kann.

[2] Diese Uebung scheint schon ziemlich abgekommen zu sein. Vergl. deren Beschreibung bei Haquet, „Neueste physik.-polit. Reisen (1794)", III., 35, und die Abbildung am Schlusse der Einleitung desselben Bandes. Häufiger kommt noch das blosse Schwingen der Gehstöcke beim Tanzen vor.

hingegen fern von den Häusern im Freien getanzt. Die Musik besorgen einheimische Huzulen oder wohl auch Zigeuner, deren Musik besonders geschätzt wird. Die gewöhnlichen Instrumente sind die Geige *(skrepka)* und die *flojera*. Letzteres Instrument ist ein $\frac{1}{2}-\frac{3}{4}$ *m* langes enges Holzrohr, das am oberen Ende im Umkreise scharf zugeschnitten ist; durch Blasen auf die scharfe Kante wird ein vibrirender Ton erzeugt. Am unteren Ende ist dieses Instrument offen; es weist sechs Greiflöcher auf. Ueber die Erfindung der Flojera erzählt man Folgendes: Ein Mann sei einst zum Tode verurtheilt worden; da hätte man ihm Begnadigung zugesagt, wenn er ein Holz fände, das sprechen könnte. Rastlos sinnend, verfiel er schliesslich auf den Gedanken, ein Holzstück zu durchlöchern und diesem Töne zu entlocken. Er begann zu spielen, rührte die Richter und wurde begnadigt. Von der Flojera ist die *telenka* zu unterscheiden, welche eine einfache Röhre aus Weidenrinde ist und keine Tastlöcher hat. Ferner die *sopiuka*, deren oberes Ende im Gegensatze zu den beiden früher genannten Instrumenten mit dem bekannten Pfropfen und Löchern versehen ist; sie weist fünf Greiföffnungen auf. [1] Auch die Maultrommel *(dremba)* und der Dudelsack *(dutka)* sind bekannt. Erwähnt muss schliesslich die *trembita* werden. Dieselbe ist ein etwa drei Meter langer schmaler Trichter, der aus dünnen Fichtenbrettchen gefertigt und mit schmalen Baststreifen umwickelt ist, in neuerer Zeit wohl auch aus Blech besteht. Dieses Instrument wird zumeist bei Leichenbegängnissen und auf den Almen geblasen. Schliesslich mag bei dieser Gelegenheit noch erwähnt werden, dass Pfeifen für unanständig gilt; im Walde soll man nicht pfeifen, weil in der Familie des Pfeifenden ein Todesfall oder ein anderes Unglück sich ereignen würde; Mädchen dürfen nicht pfeifen, weil sie hiemit ihr gutes Schicksal vernichten würden. [2] Mittelst Pfeifens ruft man auch auf Kreuzwegen um Mitternacht den Teufel herbei. Wie die Gesangsweisen, so sind übrigens auch die Spielweisen der Huzulen eintönig und sich fortwährend wiederholend. Angenehm berührt nur, insbesondere aus der Ferne, der feierliche Ton der Trembita.

Gesellschaftsspiele werden am Ostersonntag, dann aber auch bei der Todtenwache und bei Hochzeiten und Taufen veranstaltet. Die Zahl derselben ist ziemlich bedeutend. An den Ostertagen pflegen die Burschen sich an einem Spiele zu betheiligen, das sie *hambas* nennen. Dasselbe besteht darin, dass die Burschen eine lange Kette bilden, deren jedes Glied die Aufgabe hat, trotz der raschesten Bewegungen nicht aus der Reihe zu treten. Der Anführer, versehen mit einem leichten Stocke oder einem zusammengedrehten Tuche, läuft rasch bald nach rechts, bald wieder nach links, so dass es fast unmöglich ist, ihm zu folgen, ohne die Kette zu ver-

---

[1] Die vorstehenden Mittheilungen entsprechen den Verhältnissen etwa in der Gegend von Uścieryki und Jasienów górny. In anderen Gegenden scheinen die Namen zum Theil anders beschaffenen Instrumenten eigen zu sein. So hat nach einem Berichte aus Sergie die Flojera dort keine Greiflöcher, die Sopiuka hat keine Verkeilung und sechs Greiflöcher; ferner wird dort eine *denciuka* gebraucht mit Verkeilung und 5—6 Löchern.

[2] *Doubs, kotra rozyszczyt, dolu sobi proszyszczyt.*

12

lassen. Einem der Herausgetretenen strebt nun der Anführer einen Schlag zu versetzen: gelingt ihm dieses, so löst sich die ganze Reihe auf, um auf ein gegebenes Zeichen wieder zum Spiele zusammenzutreten. Die Mädchen spielen dagegen zu Ostern gewöhnlich das „*kacziczka* - (Entchen) - Spiel". Alle erwachsenen Mädchen bilden bei demselben einen weiten Kreis, wobei sie sich an den wagrecht gehaltenen Armen festhalten. Ist der Kreis zu eng, so nehmen sie noch Stöcke zu Hilfe, die auch von Mädchen und Weibern im Gebirge oft mitgeführt werden. Zwei der Mädchen treten in die Mitte des Kreises, und eines derselben sucht das andere zu fangen. „Wo ist mein Entchen *(de moja kacziczka)?*" ruft dasjenige, dessen Aufgabe das Verfolgen und Fangen ist. Darauf erfolgt vom Chore die Antwort: „Auf dem Teiche *(na stawi)*", und nun beginnt das Laufen und Fangen innerhalb und ausserhalb des Kreises, bis die Verfolgte ergriffen ist. Das Spiel währt so lange, bis alle Mädchen am Laufen und Fangen theilgenommen haben. Bei den Todtenwachen ist das ‚*lopatka* - (Schaufel) - Spiel" beliebt. Mit einer Schindel oder kleinen Holzschaufel wird nämlich auf den Rücken eines der Spielenden, dem die Augen zugehalten werden, der Reihe nach von den Mitspielenden geschlagen; seine Aufgabe ist es aber, zu errathen, wer ihn geschlagen hat. Gelingt ihm dies, so kommt der eben Schlagende an seine Stelle. Ein viertes ist das „*oharczyk* - (Lichtendchen) - Spiel". Ein Lichtendchen oder ein Span wird angezündet und von Hand zu Hand gereicht. Bei wem es erlischt, der muss der Reihe nach alle anderen küssen. Will sich ein Mädchen etwa dieser Aufgabe nicht unterziehen, so muss es eine verrusste Spindel küssen. Das „*wuhol* - (Kohlen) - Spiel" besteht darin, dass man eine glühende Kohle mittelst einer Nadel und eines Fadens an die Stubendecke hängt; die Spielenden bilden dann einen Kreis und blasen die Kohle gegeneinander. Wer beim Blasen nicht vorsichtig ist, verbrennt sich die Lippen und hat überdies den Spott. Ausser diesen sind noch manche andere Spiele üblich, darunter auch „*żmurka*" (blinde Kuh) und „*hruszka*" (Plumpsack).[1] Erwähnt sei noch das Königsspiel *(korola hraty)*. Es werden nämlich drei Hölzchen an einem Ende gezeichnet und von den Spielenden geworfen. Welchem es gelingt, alle drei Hölzchen derart zu werfen, dass sie mit den Zeichen auf dieselbe Seite fallen, der wird für die Zeit, bis ein Anderer ihm es nachmacht, König.

Bei den Spinnstubenzusammenkünften *(weczernyci)*, welche besonders in den Häusern reicher Wirthe stattfinden, spinnen die Weiber, während die Männer zuweilen das Garn aufwickeln. Es werden hiebei Märchen und Sagen erzählt, Lieder gesungen, Räthsel aufgegeben und gelöst.

Ein wahres Gefühlsleben scheint unter der Huzulenjugend wenig zu bestehen. Dem entspricht auch der Umstand, dass schwermüthige Liebeslieder, die unter den Rutenen des Flachlandes sich in sehr grosser Zahl finden, hier nur ziemlich selten sind. An Liebeszauber denkt aber das hu-

[1] In Jasienów górny heisst die Todtenwache, bei der neben anderen Spielen auch der Plumpsack üblich ist, ebenfalls *hruszka;* eine andere Bezeichnung für die Todtenwache ist *posidźinie.*

zulische Mädchen ebenso wie ihre Verwandte im Vorlande. So sucht es z. B. eine Tanne und eine Buche auf, deren Zweige in einander verstrickt sind: von diesen nimmt die Liebesbedürftige das Laub, kocht es und gibt den Absud ihrem Auserwählten zu trinken. Während dieser trinkt, denkt oder murmelt das Mädchen: „So wie diese Bäume einander fremd sind und doch sich vereinen, ebenso sei es zwischen uns." Ein anderes Mittel, das Mädchen und Weiber benützen, besteht im Tragen von Quecksilber an der Brust; es soll dieses ein vorzügliches Mittel sein, sich feuriger Gegenliebe zu versichern. Denselben Zweck erreicht man dadurch, dass man dem Geliebten Milch zum Trinken reicht, in dem das Kraut *lubestok* oder *luby mene* (Liebstöckel, Levisticum offic.) gekocht wurde. Auch Zauberinnen werden in Liebesangelegenheiten aufgesucht. Zu diesem Zwecke bringt das Mädchen einen beliebigen Gegenstand, den es dem Manne genommen, und die Zauberin giesst über denselben Wasser in eine Schüssel und macht dann über dem Wasser ein Kreuz mit einem Messer. Dann werden Zauberkräuter hineingeworfen, und nach weiterem geheimnissvollen Thun muss schliesslich das Mädchen sich mit dem Wasser waschen. Ferner pflegen die Mädchen sich am Morgen des Johannistages nackt im Grase umherzuwälzen, um begehrlich zu werden. Andere säen nackt Flachssamen und vergraben dann ihr Hemd; bis der Same aufgeht, ist das Mädchen verlobt. Schliesslich mag noch bemerkt werden, dass, wie anderwärts, so auch bei den Huzulen, die Mädchen am St. Andreasabende auf verschiedene Weise ihr künftiges Liebesschicksal zu erforschen suchen. Weit verbreitet ist zu diesem Zwecke das Pflockzählen. Das Mädchen zählt nämlich an einem Zaune der Reihe nach neun Pfähle ab und schliesst aus der Beschaffenheit des letzten auf die Eigenschaften des künftigen Mannes. Auch gehen die Mädchen unter das Fenster eines beliebigen Hauses und lauschen da, ob sie zunächst ein „Ja" oder ein „Nein" vernehmen würden. Im ersteren Falle heiraten sie im nächsten Jahre; im anderen unterbleibt dies.

Von der Schönheit der huzulischen Mädchen und Frauen wird viel erzählt, aber mit Unrecht. Schöne Mädchen sieht man ziemlich selten, und viel seltener noch schöne Frauen; allzu frühe Heirat und zügelloses Leben lässt sie nur gar zu schnell altern. Die huzulische Schöne ist übrigens sich dieser Eigenschaft wohl bewusst; sie kleidet sich schöner und reiner und bekundet in Sprache und Benehmen besondere Koketterie, vielleicht selbst Grazie. Diese Merkmale bleiben Mancher, auch wenn ihre Blüthe schon geschwunden ist. Wird eine Huzulin von Jemandem allzusehr gelobt, so pflegt sie zu sagen: „Würde ich so gut sein, dann möchten mich wohl die Leute verzehren."

Der jugendliche Bursch heisst *chlopec*, *chlopezissy* oder *chlopezissezy*, das Mädchen *diuczyneszezy*. Im heiratsfähigen Alter, das beim Mädchen etwa mit dem sechzehnten, beim Burschen nach ausgedienter Militärzeit mit dem vierundzwanzigsten Jahre eintritt, heisst der Bursch *parobok*, *legin*, und in den den Rumänen angrenzenden Gebieten auch *flakeu* oder *fleku*, das Mädchen aber *dinka* oder genauer *dinka u boutyciach* nach dem den heiratsfähigen

Mädchen eigenen Haarschmuck.[1]) Zuweilen kommen aber 30—35jährige Burschen und wohl auch 25—30 Jahre zählende Mädchen zur Trauung. Andererseits werden aber schon vierzehnjährige Mädchen verheiratet, und man sieht im Huzulengebiete überhaupt erwachsene Mädchen sehr selten,

Fig. 1. Ein Mädchen im Haarschmuck aus Jawornik. (Nach einer Photographie von J. Dutkiewicz in Kolomea.)

hingegen jugendliche Weiber in grosser Zahl. Einen fast abschreckenden Anblick gewähren einzelne greise Mädchen, die im spärlichen Haarschmucke ohne Kopfbedeckung einhergehen.

[1]) Siehe die Abbildung 1.

Am Schlusse soll noch bemerkt werden, dass Grossjährigkeitserklärungen vor dem gesetzlichen Alter bei den Huzulen gar nicht vorkommen. Die Eltern wissen in der Regel nicht, wie alt ihre Kinder sind und wann die Grossjährigkeit derselben eintritt.

III.
Werbung und Hochzeit.

Die Werbung *(swatanic)* findet meist zur Weihnachtszeit oder im Fasching statt, seltener im Herbste. Zur Abendzeit geht der heiratslustige Bursche, nachdem er zwei Werber aus seinen Verwandten oder Freunden gewählt hat, in das Haus der Auserwählten. „Guten Abend", lautet der Gruss der Ankömmlinge, „Gott ist in dieses Haus eingezogen und wir mit ihm; habet ihr ein Mädchen zum Verheiraten?" Sobald der Vater des Mädchens diese Frage bejaht hat, sagen wieder die Werber: „Wohlan, wir sind gekommen, um mit Gottes Hilfe die Kinder zu verbinden." Hierauf stellt der Bursche eine Flasche voll Branntwein auf den Tisch, füllt ein Gläschen voll und trinkt es dem Mädchen zu. Nimmt dieses das wiedergefüllte Glas an und trinkt es den Branntwein, so ist dieses ein Zeichen, dass die Werbung angenommen sei. Dieselbe wird dann mit Küssen bekräftigt, ohne dass zunächst die förmliche Verlobung stattfindet. Reicht dagegen das Mädchen den Becher, ohne ihn geleert zu haben, weiter oder stellt es ihn auf den Tisch, so stecken die Werber ihre Flasche ein und gehen in ein anderes Haus, ihr Glück zu versuchen.

Gewöhnlich gehören beide Theile, die eine Ehe eingehen, demselben Orte an. Ueber das Heiratsgut *(wyno, zminy)* des Mädchens wird gleich am Abende der Werbung verhandelt. Dasselbe besteht in der Regel aus zwei bis drei vollständigen Anzügen, groben Teppichen aus Schafwolle, Leinenzeug, Kühen und Schafen. Grundstücke erhält das Mädchen zumeist nur dann, wenn es keine Brüder hat. Gewohnheitsgemäss heiraten die älteren Kinder zuerst; doch kommt es vor, dass auch in die Verehelichung der jüngeren Kinder vor den älteren eingewilligt wird. Der Einfluss der Eltern auf die Wahl ihrer Kinder fehlt nicht; derselbe ist aber im Gebirge nicht so massgebend, wie bei den Rutenen im Vorlande.

Der Trauungstag wird endgiltig festgesetzt, sobald die jungen Leute beim Priester die Prüfung aus den Gebeten bestanden haben. Den Kirchgang zum Zwecke dieser Prüfung nennt das Volk *na otczenaszi*, d. h. (der Gang) wegen der Vaterunser. Die Hochzeit *(wesile)* findet gewöhnlich im Januar oder Februar statt, so dass in den meisten Fällen zwischen Werbung und Eheschliessung nur einige Wochen vergehen. Schon aus diesem Grunde findet es selten statt, dass eingegangene Versprechen gelöst werden. Kommt dieses aber vor, etwa weil ein Theil dem anderen unsittliche Handlungen vorwirft, so muss die zurücktretende Partei der anderen die bis dahin aufgelaufenen Kosten ersetzen. Gleich nach der Werbung werden nämlich die Vorbereitungen zur Hochzeit getroffen. Die Häuser werden gereinigt und gescheuert, Speisevorräthe und Getränke in Bereitschaft gestellt. Von diesen bedarf man aber keine geringe Menge, weil die Zahl der Gäste zumeist gross ist und die Hochzeit drei bis vier Tage währt. Doch bringen auch die Gäste Nahrungsmittel mit.

Am Vortage der Trauung versammeln sich in beiden Häusern die Gäste, welche vom Bräutigam (*knieś*, d. h. Fürst) und der Braut (*knichynia*, d. h. Fürstin) schon früher oder erst an diesem Tage in feierlicher Weise geladen wurden. Zu diesem Zwecke begeben sich nämlich der Bräutigam und die Braut, der erstere begleitet von einem oder zwei Brautführern, letztere von ebensovielen Brautmädchen, abgesondert in die einzelnen Häuser, und ein Brautführer oder ein Brautmädchen spricht folgende Formel: „Es baten euch des Bräutigams (der Braut) Vater und Mutter, ferner der Bräutigam (die Braut) und ich bitte euch, ihr möget so gütig sein, zur Hochzeit zu kommen." Auf diesem Bittgange werden die beiden Züge oft von einigen Musikanten begleitet; auch Pistolenschüsse krachen. Haben sich aber die Gäste in beiden Häusern bereits versammelt, so werden daselbst zum Zeichen des Festes mit bunter Wolle geschmückte Tannenbäumchen auf den Tischen aufgesteckt, und es herrscht fröhliche Unterhaltung beim festlichen Mahle; die ganze Nacht hindurch wird getanzt und gespielt. Wenn der Morgen schon dämmert, wird für die Braut der Kranz (*winczyk*) aus Immergrünblättern genäht und mit Flittergold und Geldstücken geziert; auch Knoblauch, als Schutzmittel gegen alles Böse, wird an den Kranz befestigt. Bei dieser Arbeit wird in manchen Gegenden [1] ein bestimmtes Lied gesungen; für die verschiedenen anderen Phasen der Hochzeit gibt es im Gegensatze zu dem Brauche bei den Rutenen im Vorlande keine besonderen Lieder [2]; es singt vielmehr jeder, was ihm gefällt. Sobald der Kranz fertiggestellt ist, wird er dem Mädchen unter Segenssprüchen auf den Kopf gesetzt; die Nadel aber, welche bei der Arbeit benützt wurde, bleibt in den Blättern stecken. Hierauf geht die Braut mit den Beiständen dreimal um den Tisch und kniet sodann vor den Eltern nieder, um ihnen für die erwiesenen Wohlthaten zu danken und von ihnen den Segen zu empfangen. Dasselbe geschieht im Hause des Bräutigams; auch für ihn wird ein Kranz genäht und dieser auf seiner Mütze feierlich befestigt. Ausser diesen Kränzen tragen Braut und Bräutigam an ihren linken Armen grosse, aus hartgetrocknetem Käse bestehende Ringe (*kolacz*); der Kopf der Braut ist überdies hie und da vom Kinn zum Scheitel mittelst eines Tuches umbunden, während über die Schultern zwei oder auch nur ein Tuch geworfen werden. Ueber den gewöhnlichen Feststaat legen sodann die Brautleute noch lange Mäntel (*manta, gugla*) um; auch ist es hie und da üblich, dass die Braut statt der den Rock vertretenden Schürzen [3] einen wirklichen Rock aus blauem

---

[1] So in Sergie. Vergl. das Cap. XVI, Nr. 25.

[2] Ueber die rutenische Hochzeitsfeier ist zu vergl. Kaindl und Manastyrski, Die Rutenen in der Bukowina, I, 51 ff.

[3] Ueber die huzulische Nationalkleidung ist Cap. VIII zu vergleichen.

Tuch, der am unteren Saume mit Goldborten verziert ist, anlegt; über dem-selben trägt sie dann noch die vordere Schürze.[1]) Ebenso sind alle Gäste festlich gekleidet, Brautführer und Brautmädchen überdies mit Blumen geschmückt.

Fig. 2. Eine Braut aus Żabie im Brautschmuck. (Nach einer Photographie von J. Dutkiewicz in Kolomea.)

Die Trauung findet in manchen Gegenden nur am Donnerstag oder Sonntag statt, denn nur diese Tage gelten als glückbringend, und zwar immer am Vormittag. Zur festgesetzten Stunde rücken Bräutigam und Braut von ihren Elternhäusern hoch zu Ross und von einem stattlichen Gefolge

[1]) Vergl. die Abbildung 2.

Kaindl, Die Huzulen. 2

begleitet aus, um sich in die Kirche zu begeben. Bevor sie die Gehöfte verlassen, werden sie von ihren Eltern mit Weizen beworfen. Zum Gefolge des Bräutigams und der Braut gehören aber ausser den anderen Gästen je ein Brautvater *(bat'ko)* und eine Brautmutter *(matka)*, die von den Eltern gewählt werden; ferner begleiten den Bräutigam die von ihm selbst gewählten Brautführer *(družby)* und die Braut die selbstgewählten Brautmädchen *(družky)*. Mit bunter Wolle geschmückte Tannenbäumchen werden dem Zuge vorangetragen. Vor der Kirche treffen beide Schaaren zusammen, und nun findet in derselben durch Ringwechsel die förmliche Verlobung *(zaruczyny, zastowlinic)* statt, und gleich darauf wird die Trauung *(winczenie)* vollzogen. Sobald die Brautleute die Kirche verlassen haben, streicht der Bräutigam die Braut dreimal leicht mit der Reitpeitsche, zum Zeichen, dass er jetzt ihr Herr geworden. Bräutigam und Braut werden dann auf ihre Pferde gehoben. Pistolenschüsse erdröhnen, und im Galopp reitet man dem Hause der Braut zu. Der Zug des Bräutigams bleibt aber eine Strecke Weges zurück, während die Braut mit ihrem Gefolge voraneilt. Vor dem Hause angelangt, wird sie mit dem Sattel vom Pferde gehoben und an der Hausthüre von ihrer Mutter mit Segenssprüchen empfangen. Hierauf begeben sich alle in die Stube, und hier wird die Braut von den Beiständen wieder dreimal um den Tisch geführt. Dann lässt sie sich auf den ihr angewiesenen Ehrenplatz nieder; wie viele Jahre sie aber kinderlos zu bleiben wünscht, auf so viele Finger der Hand setzt sie sich insgeheim bei dieser Gelegenheit. Der Beistand tritt dann wieder heran und schwingt vor dem Antlitze der Braut dreimal im Halbkreise einen Kolatschen; dann hält er ihn gegen die Sonne und fragt die Braut: „Was siehst du?" Sie antwortet: „Ich sehe eine wunderschöne Welt; aber bei Gott ist es am schönsten".

Indessen ist der Bräutigam mit seinen Begleitern in den Hof geritten.[1]) Durch den Brautführer schickt er der Braut den Käsering, den er bei der Trauung am Arme trug, und diese schickt den ihren heraus; in manchen Gegenden beschenken sich die Brautleute bei dieser Gelegenheit mit einer Schüssel voll Kukuruzkörnern. Sodann kommt die Hausmutter heraus, geht um den Bräutigam und sein Gefolge dreimal im Kreise herum und bewirft sie mit Weizen. Dann streicht sie mit dem Finger dem Bräutigam Honig um den Mund; der Beistand tritt aber mit seinem Kolatschen heran, schwingt diesen und stellt dieselbe Frage, wie vordem der Braut. Hierauf wird der Bräutigam ebenfalls sammt dem Sattel vom Pferde gehoben und, nachdem seinen jugendlichen Begleitern *(bojeri*, d. h. die Krieger, die Grossen)[2]) von den Eltern der Braut bunte Tücher um die Schultern gebunden worden sind,

---

[1]) In manchen Gegenden kommt der Bräutigam erst am nächsten Tage um die Braut, nachdem er und die Gäste im Hause seiner Eltern die Nacht fröhlich zugebracht haben. Wo dies üblich ist, trennen sich die beiden Züge gleich nach der Trauung

[2]) Die Bezeichnungen *bnic', kniehynia* und *bojeri* scheinen auf ursprünglichen Raub der Braut durch die Getreuen des Bräutigams unter dessen Anführung zu deuten. Dieselben Ausdrücke sind übrigens auch bei den Rutenen üblich

19

in das Haus geführt. Hier findet er seinen Platz neben der Braut vom Bruder oder einem Anverwandten derselben besetzt. Nun beginnt der Handel um die Braut. „Wie viel verlangst du für den Platz?" beginnt der Bräutigam. „Dreihundert Gulden!" bekommt er etwa zur Antwort. „Das ist zu viel!" entgegnet der Bräutigam, und es beginnt ein Feilschen, bis

Fig. 3. Junges Ehepaar aus Żabie. (Nach einer Photographie von J. Dutkiewicz in Kolomea.)

der Bräutigam die Braut und den Platz neben ihr für einen kleinen Geld-betrag oder eine Hacke ersteht und den anderen mit der Peitsche zur Thür hinausjagt; auch die Braut erhält jetzt wieder drei Schläge. Ohne das erwähnte Geschenk an den männlichen Verwandten könnte dieser die Aus-lieferung der Braut verweigern; dagegen sind Geschenke des Bräutigams an die Braut und deren Mutter nur freiwillige; sie bestehen in Schuhwerk

2*

und in Tüchern. Auch andere Geschenke sind üblich, doch erhält der
Bräutigam nie ein Geschenk von der Braut oder deren Familie. Oft wird
hingegen das junge Paar von dem Brautvater und der Brautmutter mit
Viehstücken und Kleidern beschenkt. Die Hochzeitsgäste bringen aber
Kolatschen, Frucht oder Tücher für die Braut mit; auch Geldgeschenke
sind üblich.

Während des Festmahles, welches nun aufgetragen wird, hält ein
kleines Mädchen hinter dem Rücken der Brautleute ein brennendes Licht.
Dieses Mädchen führt den Namen *switenka*, d. h. die Lichtträgerin, und es
erhält für seinen Dienst ein Handtuch und einen Kolatschen. Nach fröh-
licher Unterhaltung gibt schliesslich der Bräutigam das Zeichen zum Auf-
bruch. Die Neuvermählten und ihre Begleiter steigen wieder zu Ross
und reiten gemeinsam zum Hause der Eltern des Bräutigams. Von denselben feierlich mit Segenssprüchen empfangen und mit Weizen beworfen
treten alle in das Haus und unterhalten sich daselbst bis spät in die Nacht.
Hierauf geleiten die Beistände und die Brautführer das junge Paar in die
Schlafkammer. Daselbst zieht ein Brautführer zunächst der Braut, dann
dem Bräutigam die Fussbekleidung ab, worauf sich die Gäste entfernen.
Am Morgen wird das junge Paar von der Brautmutter geweckt und die
Braut, sobald sie sich angekleidet hat, mit einem Kopftuche[1]) bedeckt zum
Zeichen, dass sie nun Weib sei. Die Ehe bleibt aufrecht, wenn der Huzule
seine Braut auch nicht mehr jungfräulich fand.

Am dritten Hochzeitstage wird der *propij* (Nachtrunk) gefeiert. Das
junge Ehepaar wird nämlich von den Eltern der Braut besucht, wobei es
an reichlichem Trunk nicht fehlen darf.

Acht Tage nach der Trauung findet endlich der *widwod*, d. i. die Ein-
führung des jungen Paares in die Kirche und das *zminy*, d. i. die Heraus-
gabe des Heiratsgutes statt.[2]) An diesem Tage besuchen die Neuvermählten
die Eltern der Braut und übernehmen daselbst die Mitgift. In manchen
Gegenden findet diese Uebergabe schon am Tage, der dem *propij* folgt,
also am vierten Hochzeitstage, statt. Es muss erwähnt werden, dass auch die
Uebergabe der Geschenke von Seiten der Beistände nicht am Hochzeitstage, sondern erst später in ähnlicher Weise geschieht, wie dies bezüglich
der Pathengeschenke berichtet wurde. Das junge Ehepaar überbringt den
Brauteltern vier Kolatschen und erhält dagegen die Geschenke. Dieses
Fest wird übrigens ebenfalls *kolaczyny* genannt.

Wie das Aufstecken der erwähnten Fichtenbäumchen auf den Tischen
den Beginn, so bezeichnet deren Entfernung den Schluss der Hochzeitsfeier. Auch sei bemerkt, dass die Käseringe, welche die Brautleute bei der
Trauung trugen, zum Andenken an diesen Act oft jahrelang aufbewahrt
werden.

[1]) Vergl. Fig. 3.

[2]) Da man geradezu auch das Heiratsgut mit dem Worte *zminy* bezeichnet, so dürfte wohl an
eine Ableitung von *zminity* — wechseln zu denken sein. Eine andere Auffassung findet man in
meiner und Manastyrski's Arbeit „Die Ruteuen in der Bukowina", I, 61.

Schliesslich muss noch bemerkt werden, dass alte Junggesellen bei den Huzulen keine Seltenheit sind. Dieselben führen übrigens einen geord-neten Haushalt und lassen ihre Wirthschaft von einer Haushälterin besorgen, die alle Pflichten des Weibes erfüllt. Auch alte ledige Huzulinnen findet man, wie schon erwähnt wurde. Personen, die in wilder Ehe leben, schwören einander Treue und Gehorsam bei einem Stück Salz und zwei brennenden Wachslichtern.

IV.
Mann und Weib.

Wie nur in seltenen Fällen die Liebe Veranlassung zu ehelichen Ver-bindungen gibt, ebenso selten gestaltet sich das eheliche Leben zu einem innigen. Der Mann ist der Gebieter, dem das Weib unterthänig ist. Dieses Verhältniss tritt äusserlich oft genug hervor. Gehen der Mann und das Weib desselben Weges, so bleibt letzteres in der Regel wenigstens einen halben Schritt zurück. Ist eine Last zu tragen, so wird sie gewöhnlich dem Weibe aufgebürdet. Das Reitpferd benützt zumeist der Mann, während das Weib daneben hergeht. Beim Eintreten in ein Haus geht stets der Mann voraus. Vom Tode eines Weibes sagt der Huzule wie übrigens auch der Rutene im Vorlande, sie sei umgestanden (pohybła); in dieser Beziehung steht das Weib nicht höher als das Thier. Mit Schlägen geht der Huzule nicht eben sparsam um. Sein Grundsatz ist: „Wenn du ein gutes Weib haben willst, musst du wie in ein Holzstück dreinschlagen." Auch die Redensart: „Das Weib schlägt mit dem Munde, und du wirst es nicht mit den Fäusten be-zwingen," zeugt von einer ähnlichen Anschauung. Als gute, aber wenig befolgte Lehre ist dem gegenüber der Satz aufzufassen: „Zahle deine Steuern und liebe dein Weib." Will aber Jemand Zank und Streit in einer Familie hervorrufen, so lege er nur ein Messer in deren Behausung mit der Schärfe nach oben gerichtet hin; er erreicht sicher seine Absicht.

Es ist leicht erklärlich, dass unter den geschilderten Verhältnissen keine liebevolle Zuneigung zwischen den Ehegatten bestehen kann. Damit steht die Treulosigkeit auf beiden Seiten im engsten Zusammenhange. Bei alldem ist der Huzule oft überaus eifersüchtig. Schon die kleinste Gunst, die das Weib einem anderen Manne erweist, indem es diesem etwa seinen Gehstock schenkt oder die Tabakspfeife reicht, ruft von Seiten des Mannes heftige Eifersuchtsscenen hervor, die gewöhnlich in einer argen Misshandlung des Weibes und wohl auch des Begünstigten ihren Ausgang finden. Freilich dürften jene Freundschaftszeichen oft genug die Vorboten weniger unschuldigen Verkehres sein.

Bereits an einer früheren Stelle sind einzelne Thatsachen angeführt worden, welche die unter den Huzulen bestehenden unsittlichen Verhält-nisse beleuchten. Hier mag nach dem Berichte eines glaubwürdigen Zeugen, nämlich des in demselben erwähnten Schreibers, noch eine Begebenheit erzählt werden, welche für die Anschauung der Huzulen sehr bezeichnend ist.

Der Parobok (Bursch) S. D. in S. ist zur Frau des D. H. in heisser Liebe entbrannt. Sie gewährt seinen Bitten und nährt seine Flammen. Bald darauf erfährt aber S. D., dass das Weib nicht nur ihm zuliebe die Treue gegen seinen Mann gebrochen habe, sondern auch noch einem Dritten willig sei. Um sich zu rächen, prügelt er die untreue Geliebte tüchtig durch, und diese vertraut dies schliesslich ihrem eigenen Manne an, als sie keinen anderen Weg der Rache an S. D. findet. Der betrogene Ehegatte strengt nun gegen S. D. die gerichtliche Klage wegen Ehebruchs und Misshandlung seines Weibes an. Dem Angeklagten gelingt es aber durch die Vermittlung des T. S. seinen Kläger versöhnlich zu stimmen, und dieser zeigt sich geneigt, für ein Bussgeld von fünf (!) Gulden die Klage zurückzuziehen. Darüber wird eine Vertragsurkunde ausgefertigt und diese dem Vermittler übergeben. S. D. versucht übrigens den Schreiber zu bewegen, den wahren Sachverhalt in der Urkunde zu fälschen, und theilt ihm schliesslich mit, dass es ihm wohl noch gelingen werde, seine Geliebte wieder zu gewinnen, so dass er die fünf Gulden nicht „umsonst" gezahlt haben werde. Hinzugefügt muss werden, dass der Huzule überhaupt ein Auge zudrückt, sobald der Verführer ein reicher Mann ist; er sieht dann die Liebschaft seiner Frau als Quelle guter Einkünfte an.[1])

Eine Zeitlang wohnt das junge Ehepaar gewöhnlich bei den Eltern des Mannes. In Rücksicht darauf erbauen manche Huzulen schon im Vorhinein ihr Haus umfangreicher, und in diesen Fällen bleiben die jungen Leute wohl auch für die Dauer im Elternhause. Dieses Verhältniss erinnert an die altslavische Hauscommunion, über die weiter unten noch Einiges angeführt werden wird. Es kommt aber auch vor, dass der junge Mann, bevor er noch sein Weib heimführt, schon sein eigenes Haus errichtet hat. Die Stellung der jungen Frau im Hause der Schwiegereltern ist keine erfreuliche. An Zank und Streit fehlt es nicht, und die Redensart: „Eine böse Schwiegertochter zischt wie ein Drache" legt hievon Zeugniss ab. Das Eigenthum verwalten die Gatten gemeinsam, nur dass etwa der Grundbesitz des Weibes im Grundbuche unter ihrem Namen eingetragen wird. Völliger Separatismus herrscht gewöhnlich nur in den Kleidungsstücken. In die Arbeit theilen sich Mann und Weib. Der Mann beschäftigt sich vorzüglich mit der Viehzucht, indem er auch die ganze Milchwirthschaft auf den Almen und im Winter zum Theil auch daheim besorgt; das Weib führt die Wirthschaft im Hause; der geringe Ackerbau beschäftigt beide Theile. Und wenn das Weib Flachs, Hanf und Wolle spinnt und färbt, Leinwand und Tuch webt, Wollteppiche wirkt, manches wohl auch

---

[1]) Anmerkungsweise sei hier noch eines bezeichnenden Volksglaubens erwähnt. So gern nämlich sonst die Huzulen ein ihnen zugerufenes „Helfgott" hören, so zornig wird die Huzulin, sobald man ihr diesen Gruss bietet, wenn sie ihre Hemden wäscht; denn — dann wird ihr verbotener Umgang mit fremden Männern bekannt werden. Sind aber die Hemden von den Menses befleckt gewesen, so treten dieselben bald wieder ein.

kunstvolle Stickereien, insbesondere zum Schmuck der Hemden anfertigt, so ist der Mann andererseits oft als Fassbinder, Tischler, Wagner u. dgl., vorzüglich aber in den Holzschlägen und beim Holzflössen beschäftigt.

Nicht selten vertreibt der Mann mit oder ohne Recht sein Weib und nimmt eine Geliebte *(lubaska)* an dessen Stelle. Das Weib begibt sich aber zu seinen Verwandten oder wohl auch zu einem Geliebten *(lubas)*. Oft verlässt das Weib übrigens freiwillig den Mann. Für berechtigt hält man die Ehescheidung nur dann, wenn ein Theil dem andern nach dem Leben trachtet oder eines der Gatten ein Zwitterding ist. Auch wenn das Weib zänkisch und unwirthschaftlich war, wird die Verstossung desselben entschuldigt. Die Kinder behält gewöhnlich derjenige Theil, der im Hause bleibt. also in der Regel der Mann. Uebrigens kommt es auch vor, dass der Mann neben seinem ehelichen Weibe noch andere aushält.

Stirbt eine Frau kinderlos, so wird das Vermögen derselben gewöhnlich ihren Eltern zurückgestellt. Verstösst der Mann das Weib, so gibt er ihm ebenfalls die Sachen, die es mitgebracht, zurück. Stirbt eine Ehehälfte ohne testamentarische Verfügung, so beerbt sie der zweite Theil. Sterben beide ohne Erben und letztwillige Verfügung, so fällt ihr Vermögen den beiderseitigen Anverwandten zu. Die Errichtung schriftlicher Testamente ist übrigens sehr selten, und noch seltener entsprechen dieselben den gesetzlichen Bestimmungen. Nach der volksthümlichen Anschauung haben insbesondere die Töchter kein Anrecht auf das elterliche Erbgut, zumal wenn sie schon früher standesgemäss ausgestattet wurden. Oft werden in Testamenten auch Legate für Kirchen bestimmt.

Am Schlusse sei noch bemerkt, dass der Mann das Weib gewöhnlich *cisia* = diese, und das Weib den Mann *scs* = dieser nennt. Die Gatten bezeichnen sich gegenseitig als ihre *dola*, d. h. ihr Schicksal, und man hört oft von gutem und schlechtem Schicksal in diesem Sinne sprechen. In etwas verächtlicher Weise benennt der Huzule sein Weib auch mit *baba*, d. h. altes Weib, während es sonst üblich ist, auch schon alte Frauen nur mit *melodycia* oder *melodyczka*, d. i. etwa junge Frau, junges Frauchen anzusprechen.

V.

Die Familie.

Die ganze verwandtschaftliche Sippe wird als *rid, rod, rodyna, rodia, pol, familja, swoji, swojaki* oder endlich *kreuni* bezeichnet. Die männliche Linie nennt man *muhecki pol, otczewski rod, po otczeui* oder *po czeloweci*; die weibliche Linie heisst *hehski pol, matereński rod, po matere, po linci*. Das Hauptgewicht wird auf die männliche Linie gelegt; dies findet besonders darin seinen Ausdruck, dass man in Bezug auf Ehehindernisse auf die Verwandtschaft in männlicher Linie mehr bedacht ist.

Die Bezeichnungen für die verschiedenen Grade der Blutsverwandtschaft sind folgende:[1])

I. Die Eltern und ihre Vorfahren.

1. Vater: *giedia* oder *diedia, otecz;* kosend: *giedyk* oder *diedyk, oizik, tatko.* Mutter: *nenia, nene, mater;* kosend: *nenka, mama, mamka, mamunia.* Cumulativ: *starenia.*

2. Grossvater: *gid* oder *did, gidu* oder *didu, tato;* kosend: *gidek* oder *didek;* verächtlich: *gideszczy* oder *dideszczy.* Grossmutter: *baba, mama;* kosend: *babka, babuszka;* verächtlich: *babeszczy.*

3. Urgrossvater: *giedia giediu* oder *diedia diediu, pragid* oder *pradid;* kosend: *pragidek* oder *pradidek.* Urgrossmutter: *nenia nenina, prababa;* kosend: *prababka.*

4. Ururgrossvater: *gid giediu* oder *did diediu, prapragid* oder *prapradid;* kosend: *prapragidek* oder *prapradidek.* Ururgrossmutter: *baba nenina, praprababa;* kosend: *praprababka.*

5. Vater der Ururgrosseltern: *giedia gidiu* oder *diedia didiu.* Mutter der Ururgrosseltern: *nenia babyna, nenia mamyna.* Cumulativ: *prarodyteli.*

6. Grossvater und Grossmutter der Ururgrosseltern heissen cumulativ: *praprarodyci;* im Besonderen: *prarodytelski gid* oder *did, prarodytelska baba.*

7. Vorfahren überhaupt: *predki, praolci.*

8. Adoptiveltern werden wie die leiblichen genannt.

9. Stiefvater: *wilczem, otczem.* Stiefmutter: *maczucha, maczieha.* Cumulativ: *wilczemy, otczemy.*

10. Schwiegervater: *Swekor;* direct angeredet wird er ebenso wie der leibliche Vater. Schwiegermutter: *swekrucha;* direct angeredet wie die leibliche Mutter. Die Schwiegerväter untereinander nennen sich *swaty,* die Schwiegermütter: *swaszky, swahy.*

II. Die Anverwandten der Eltern und deren Vorfahren.

1. Bruder des Vaters und der Mutter: *wuj;* kosend: *wujko;* seine Frau heisst *wujna,* kosend: *wujnoczka.* Die Schwester des Vaters und der Mutter: *teta,* kosend: *tetoczka, tetka, kitka.* Den jugendlichen unverheirateten Vetter oder Onkel und die jugendliche unverheiratete Base oder Tante nennt man jedoch nur mit Namen. Die Kinder der elterlichen Geschwister nennt man: *nepot, nepota.*

2. Der Bruder der Grosseltern: *wuj/wujko/ prarodyeziu, brat praotczewski, praszczur.* Der Bruder des Grossvaters im Besonderen: *brat gida;* der Bruder der Grossmutter: *brat mamyn* oder *babyn.* Die Schwester der Grosseltern: *teta (kitka) prarodyeziu, sestra praotczewska.* Die Schwester

---

[1]) Nach Hanicki und Baloszescul, mit einzelnen Ergänzungen. Es ist übrigens zu bemerken, dass man selten einen Huzulen findet, der über die Verwandtschaftsverhältnisse seiner Familie umfassende Kenntnisse hat; denn in der Regel reichen dieselben kaum über die Grosseltern hinaus.

des Grossvaters im Besonderen: *sestra gidowa*; die Schwester der Grossmutter: *sestra mamyna* oder *babyna*.

3. Der Bruder der Urgrosseltern: *brat prarodycziu, brat pragidowy*.
Die Schwester derselben: *sestra prarodycziu, sestra pragidowa*.

III. Nachkommenschaft.

1. Kinder: *gity, dity, dieti; czada, głota;* verächtlich: *hołota, gityszcza* oder
dityszcza. Sohn: *syn*, kosend: *synku*. Tochter: *docz, doczer*, kosend: *doñka,
doczka, donczka*. Bruder: *brat*. Schwester: *sestra*. Geschwister: *ridni,
rodni*. Leiblich = *ridnyj, rodnyj; ridna, rodna*.

2. Enkel: *unuk*, kosend: *unuczok*. Enkelin: *unuka*, kosend: *unuczka*.

3. Urenkel: *praunuki* etc., wie bei Enkel.

4. Ururenkel: *prapraunuki* etc.

5. Kinder der Ururenkel: *gity (dity) prapraunukiu; praunuczeniata*.

6. Enkel der Ururenkel: *unuki prapraunukiu* oder ebenfalls *praunuczeniata*.

7. Adoptivsohn in directer Anrede = Sohn, sonst: *hodowanyc*, mit zuweilen
verächtlichem Nebensinn: *prijmysz*. Die Adoptivtochter wird direct
wie die leibliche angeredet, sonst: *hodowanka, prijmyczka*. Adoptivkinder:
prijmaki.

8. Stiefsohn: *pascrb*. Stieftochter: *pascrbycia*.

9. Schwiegersohn; *zieł*; in directer Anrede = Sohn. Schwiegertochter: *newistka;* direct angeredet = Tochter. Schwager ebenfalls
zieł oder *szurenyc*. Schwägerin = *newistka;* von den Geschwistern des
Mannes auch *bratowa* genannt; sie nennt den Bruder des Mannes *diuwer*,
die Schwester desselben *zowycia*.

Die Stiefgeschwister werden nicht als gleichberechtigt mit den leiblichen Kindern erachtet. Diese Anschauung ist oft der Grund heftiger
Streitigkeiten.

Die unehelichen Kinder *(zwydynyeni gity, benkarty, bajstruky, bachury)*
führen den Namen der Mutter, die in den seltensten Fällen den Erzeuger
verrathen will. Diesen Kindern haftet jedenfalls ein Makel ihrer Abkunft
an; doch scheint der Huzule in dieser Beziehung ziemlich milde zu urtheilen.

Der Familienkreis wird ferner durch Gevatterschaften erweitert. Es
gibt deren zwei Arten, nämlich durch Zeugenschaft bei der Taufe *(kumstwo)*,
und zweitens durch Beistand bei der Trauung *(u bat'kach)* entstandene.
Die Taufpathen *(kumy)* und Braufeltern *(bat'ko, matka)* bezeichnet man auch
mit dem Namen *nanaszko, nanaszka;* die Taufkinder oder Vermählten werden
dagegen *finy (fin, fina)* genannt. Zwischen den Anverwandten der *nanaszki*
und der *finy* besteht eine geistige Verwandtschaft. Ausser den allgemein
bekannten Rechten und Pflichten der Pathen und Brauteltern sind keine
besonderen zu verzeichnen. Zu Taufpathen können übrigens auch Angehörige
anderer christlichen Kirchen gewählt werden: doch muss wenigstens einer

demselben Bekenntnisse angehören. Dies sind übrigens dem Kirchengesetze entsprungene Bestimmungen.

Die Adoption kommt im Huzulengebiete sehr häufig vor. Die gewöhnliche Veranlassung hiezu ist Kinderlosigkeit und das Verlangen nach einer Stütze im Alter. Zuweilen werden durch Adoption auch ungehorsame und widerspenstige Kinder bestraft, indem ihnen das Vermögen der Eltern theilweise oder ganz verloren geht. Uebrigens muss man aber zwei Arten der Adoption unterscheiden.

Die erstere gleicht mindestens einigermassen der Adoption im Sinne des bürgerlichen Gesetzbuches. Die Eheleute nehmen eine Waise oder ein Kind, welches dessen Eltern ihnen abtreten, an Kindesstatt an. Dasselbe arbeitet in der Wirthschaft ebenso wie ein Knecht oder eine Magd und wird dann von den Pflegeeltern mit einigem Vermögen ausgestattet und verheiratet. Im Grossen und Ganzen ist diese Annahme an Kindesstatt ein zum Vortheile der Pflegeeltern abgeschlossenes Geschäft: denn diese gewinnen in den Adoptivkindern eine billige Arbeitskraft.

Noch viel mehr gilt dieses von der anderen Art der Adoption. In diesem Falle sind die Adoptirten *hodowanci* nämlich nicht jugendliche oder arme Personen, sondern zumeist selbstständige und wohlhabende Wirthe. Dieselben werden von alten, meist familienlosen Huzulen unter der Bedingung adoptirt, dass sie die Adoptiveltern bis zum Tode pflegen und schliesslich standesgemäss beerdigen, wofür ihnen das Vermögen derselben zufällt. Zu solchen „Adoptivkindern" wählt man nicht selten Juden, weil vorausgesetzt wird, dass diese die übernommenen Verpflichtungen im eigenen Interesse einhalten werden; mit Verwandten tritt man dagegen höchst selten in ein derartiges Verhältniss, weil von diesen, die ohnedies erbberechtigt zu sein glauben, die Einhaltung der Vertragspunkte am allerwenigsten zu erwarten ist. Es ist übrigens klar, dass das Verhältniss zwischen dieser Art von Adoptiveltern und Adoptivkindern im Vergleiche mit unseren gewöhnlichen Anschauungen geradezu ein verkehrtes ist. Der Adoptirte ist eigentlich der Ernährer, und die Adoptirenden sind die Pfleglinge. Trotzdem sprechen die Adoptirten die sie Adoptirenden mit *giedyku* oder *diedyku*, *nenko* oder *neniko*, also: Väterchen, Mütterchen, an und werden von diesen mit *syuku*, d. i. Söhnchen, angeredet. Zuweilen werden übrigens zwei „hodowanci" angenommen, und zwar mitunter ein Huzule und ein Jude. Auch geschieht es in einzelnen Fällen, dass die Pflegeeltern dem Adoptivkinde die Nutzniessung der Wirthschaft schon bei Lebzeiten übertragen. Die Verträge, welche diesen Adoptionen stets zu Grunde liegen, werden in der Regel schriftlich, seltener mündlich vor Zeugen abgeschlossen. Hält der Hodowanye seine Verpflichtungen nicht ein, so kann der Vertrag aufgehoben werden. Die Entwicklung dieser eigenthümlichen Adoption erklärt sich übrigens leicht aus den schwierigen Lebensverhältnissen im Gebirge, die insbesondere alten vereinsamten Leuten unüberwindliche Schwierigkeiten bereiten. Mit dem Schwinden dieser misslichen Verhältnisse in Folge der fortschreitenden Cultivirung und dem gleichzeitig wachsenden Werthe des liegenden Grundbesitzes beginnt in manchen Gegenden diese Institution bereits abzukommen.

Dienstverhältnisse werden entweder auf ein halbes Jahr, d. i. vom Tage des heil. Georg (23. April a. St. — 5. Mai n. St.) bis zum Feste des heil. Demeter (26. October a. St. — 7. November n. St.) oder von diesem zu jenem geschlossen, oder ganzjährig von einem der genannten Termine bis zur Wiederkehr desselben. Der Lohn besteht aus Kleidern und Viehstücken. So erhält z. B. in der Gemeinde Sergie der männliche Dienstbote für das ganze Jahr folgenden Lohn: Zwei Anzüge, bestehend aus zwei Mänteln, zwei Beinkleidern, zwei Hemden, zwei Paar Sandalen, einer Schaffellmütze und einem Hut, ferner ein Kalb oder ein Schaf; und der ganzjährige Lohn einer Magd besteht ebenfalls aus zwei, wenn auch billigeren Mänteln, ferner aus zwei Nationalröcken, zwei Hemden, zwei Paar Sandalen und einem Schaf. Bei halbjähriger Dienstzeit erhält der Dienstbote ausser dem Viehstücke nur einen Anzug.[1] Uebrigens sind gegenwärtig auch Geldzahlungen üblich. Der Dienstvertrag wird mündlich vor zwei Zeugen geschlossen. Etwa einen Monat vor Ablauf der Dienstzeit steht beiderseits die Kündigung frei; doch ist zu merken, dass hie und da der Dienstbote noch zwei Wochen unentgeltlich nachdienen muss, und zwar, wie es im Volksmunde heisst, eine Woche für die Hunde und eine für die Katzen. Die Dienstboten werden übrigens ebenso wie die eigenen Kinder behandelt. Sie haben die Kost an demselben Tische, nehmen an allen Familienfeierlichkeiten Antheil und werden überhaupt zur Familie gezählt. Zuweilen erfreut sich ein tüchtiger Dienstbote ganz besonderen Einflusses im Haushalte, und dann weicht wohl das angetraute Weib der Magd. Die männlichen Dienstboten sind in der Regel den weiblichen übergeordnet und führen über diese die Aufsicht. Heiratet ein Dienstbote, so erhält er vom Herrn nicht selten besondere Geschenke. Altgewordene treue Diener bleiben in der Regel in der Familie der Dienstgeber und machen sich daselbst durch leichte Dienstleistungen nützlich. Nach dem Tode eines solchen Dieners fällt sein Vermögen oft seinem Herrn zu, insbesondere die Viehstücke, die er sich in dessen Dienste erworben hatte.

Zur Familie zählt der Huzule schliesslich gewissermassen auch seinen Gast. In der Gastfreundschaft kennt der echte Huzule fast keine Grenzen; er theilt alles mit seinem Gaste, in früherer Zeit allem Anscheine nach zuweilen selbst sein eheliches Weib.[2] Hervorragende Gäste begrüsst er mit Brot und Salz zum Zeichen besonderer Hochachtung. Die Bewirthung währt oft mehrere Tage lang; auch Gastgeschenke werden gespendet und angenommen. Der Gast wird gewöhnlich, wenn er das Haus verlässt, von den Hausleuten freundlich hinausbegleitet. Geschieht dies nicht, so soll es hie und da andeuten, dass der Gast bald wiederkommen möge. Wie freund-

---

[1] Ueber die Kleider der Huzulen vergl. das Cap. VIII.
[2] Vergl. den S. 9 citirten Bericht Haquet's.

lich auch völlig Fremde aufgenommen werden, möge folgende Schilderung aus einem Reisebriefe lehren: [1])

„...Von der huzulischen Gastfreundschaft haben Sie sicher schon viel gehört; aber einen richtigen Begriff von derselben werden Sie nur erhalten, wenn Sie selbst einmal dieselbe erproben. Die Freundlichkeit der Aufnahme, die rührige Eilfertigkeit bei der Bereitung des Mahles, die herzliche Opferwilligkeit, die Sorgfalt, sich bei beschränkten und unzulänglichen Mitteln des Gastes möglichst würdig zu zeigen, dieses alles überrascht, erfreut, — bezaubert. Wie behutsam zog sich eine der Frauen, welche bei unserem Eintritte Wolle gekämmt hatte, mit der Bemerkung zurück, es könnten die Haare in das Essen gerathen; wie sorgsam überwachte die Huzulin, welche beim Ofen stand, das offene knisternde Feuer, dass keine Kohlen in die Kochgeschirre fielen; und soweit geht die ländliche Aufmerksamkeit für den Gast, dass man für ihn noch ungebrauchte Löffel, die freilich nur von Holz sind, aus der Kammer herbeiholt. So sucht die Hausfrau auf jede Weise den Gast zu ehren; alles bietet sie ihm, was ihr Vorrath enthält. Kalte süsse Milch in schönen Porzellantöpfchen zunächst zum Trunke; dann die *kulesza*, den dicken Kukuruzbrei, den sie aus dem Kessel auf den gedrechselten *kruh* (Unterlagsbrett) gestürzt hat; hiezu in siedende Butter geschlagene und aufgerührte Eier; dann wieder süsse und saure Milch, und schliesslich zum Nachtisch Heidelbeeren, die zufolge ausdrücklicher Versicherung nach der Milch nicht schaden, weil es „gesunde Beeren" sind, was z. B. von den Himbeeren nicht gilt. Die einzige Sorge, welche man im Huzulenhause hat, ist die, wie man die Freundlichkeit der guten Leute lohnen könnte. Ein passendes Geschenk hat der Reisende gewöhnlich nicht zur Hand, und Geld soll man den Huzulen für ihre Gastfreundschaft nie anbieten. Wir griffen zu einem Auskunftsmittel und schoben die Geldstücke unbemerkt unter eine der Schüsseln. Dann standen wir rasch auf, dankten und nahmen Abschied. Herzlich, wie sie uns empfangen, entliessen uns auch die Hausleute; zwei der Frauen begleiteten uns bis über die nächsten Zäune und wiesen uns einen näheren Weg. Nach einem Händedrucke schieden wir von unseren Begleiterinnen. Eine derselben — sie nannte sich Anetzia — muss einst eine huzulische Schönheit gewesen sein; dem entsprach ihre sorgfältigere Kleidung, und im Einklang damit stand auch ihre weiche Stimme, ein hervorragendes Merkmal der huzulischen Koketten."

Bezeichnend für die huzulische Gastfreundschaft ist auch die Sitte, dass der Huzule, welcher sich etwa neben dem Wege niedergesetzt hat, um zu essen, jeden Vorübergehenden zum Gaste lädt. Es geschieht dies gewöhnlich mit der Formel „*prosymo i was erszczenych*", d. h. „wir bitten auch euch Christen". Man dankt dafür mit den Worten „esset mit Gott", „geniesst

---

[1]) Die folgenden Mittheilungen sind einem Briefe des Verfassers entnommen, den derselbe über seine Reise im Thale des weissen Czeremosz im August 1891 an die Redaction der „Bukowiner Rundschau" gerichtet hat und der in dieser Zeitung Nr. 1025 f. veröffentlicht wurde. Geschildert wird der Empfang in einem Huzulenhause in der zur Gemeinde Hrynawa gehörenden Attinenz Holoszena.

es gesund" oder „möge Gott es zum Nutzen wenden". Zuweilen fällt die Antwort witzig aus. Da nämlich die Einladung oft doch nur Formalität ist und nicht angenommen wird, so reimt man auf das *prosymo* als Erwiderung die Worte „*samy u rot nosymo*", d. h. „und führen allein zum Munde"; oder man fragt: „Wo habt Ihr den Löffel?" und geht weiter.

Es erübrigt nur noch, über die Hausgemeinschaft bei den Huzulen oder vielmehr über die Reste dieser Einrichtung zu handeln. Es ist schon oben darauf hingewiesen worden, dass das Wohnen junger Eheleute im Hause der Eltern des Mannes auf die Hausgemeinschaft hinzudeuten scheint. Auch der Umstand, dass reiche Huzulen zuweilen ihr Haus im Vorhinein schon grösser bauen und in demselben auch eine Wohnung für den Sohn einrichten, ist schon erwähnt worden. Uebrigens wird auch in einer Hütte, die nur zwei Stuben aufweist, dadurch, dass man die kleine Stube ebenfalls mit einem Ofen und mit Bänken versieht, die Beherbergung des jungen Paares möglich. Die Sitte des „Nachtmahltragens" am Weihnachtsabend, von der weiter unten die Rede sein wird, und die schon erwähnte *klaka* mögen ebenfalls noch auf die Hausgenossenschaft hindeuten. Im Allgemeinen ist aber die Einrichtung bis auf vereinzelte Fälle doch schon ziemlich geschwunden. „Von der Hausgemeinschaft" — lautet ein Bericht aus Sergie — „sind jetzt nur selten Spuren zu finden, da die jüngere Generation dieselbe nicht beachten will. In einigen Familien besteht die Hausgemeinschaft darin, dass der Vater und die Mutter mit den verheirateten Söhnen, Töchtern und den Enkeln einen gemeinschaftlichen Haushalt führen, und dieses in der Art, dass der Vater in jeder Beziehung das erste und letzte Wort hat, alles allein oder durch die Söhne und Enkel Erworbene sein nennt, die Bedürfnisse der Mitglieder seiner Genossenschaft aus gemeinsamen Mitteln bestreitet; mit allen Hausgenossen verfährt er wie mit seinen unmündigen Kindern, und diese wieder sind ihm zu unbedingtem Gehorsam verpflichtet. Stirbt aber der Hausälteste, so übernimmt sein ältester Sohn oder Schwiegersohn, wenn er hiezu befähigt ist, das Regiment." Am Schlusse sei noch bemerkt, dass auch die in Sergie übliche Redensart: „Schwer ist das Leben, wenn die Schaar *(glota)* zahlreich wie Streu *(polowa)*, der *stryj* aber ein Greis ist", offenbar auf die Hausgemeinschaft sich bezieht; unter dem *stryj* wäre dann bei den Huzulen der Hausälteste zu verstehen. [1]) Beachtenswerth ist es, dass sich der Spruch schon gegen die Hauscommunion richtet.

<hr />

VI.
Haus und Hof.

Nicht jeder Ort ist glückbringend, und daher ist auch nicht jeder als Bauort für die Hütte *(chata, chałasz, szałasz?*[2]) geeignet. Deshalb prüft der

---

[1]) Bei anderen Slaven bezeichnet dieses Wort den Bruder des Vaters, der wohl sehr oft dem verstorbenen Vater in der Eigenschaft als Hausältester nachfolgte.

[2]) Die Bezeichnung *dom, dim* wird zumeist für die Wohnstätte im Himmel gebraucht, selten für die Hütte.

Huzule den Platz, auf welchem er sein Blockhaus errichten will, sehr genau, bevor er den Bau beginnt. Mit Vorliebe wird ein Ort gewählt, den das Vieh als Lagerstätte aufsucht. Ein Platz, auf welchem ein Bau rother Ameisen sich befindet, soll nicht als Baugrund gewählt werden; hingegen ist eine Stelle, auf welcher schwarze Ameisen ihren Hügel aufführten, glückverheissend. Um den Ort noch genauer zu erforschen, schläft der Huzule, welcher das Gehöfte aufführen will, auf demselben. Träumt er angenehm, erscheint ihm vorzüglich im Traume schönes Vieh, so ist der Baugrund wohl gewählt; im entgegengesetzten Falle hütet sich der Huzule, auf demselben zu bauen. Andere erproben die Baustelle auf folgende Art: Sie stellen auf dieselbe ein Gläschen, welches nicht ganz voll mit Wasser gefüllt und mit einem Blatte bedeckt ist; wenn der Platz glücklich sein soll, so wird am folgenden Tage das Wasser zugenommen haben; ist dieses nicht geschehen, so ist der Ort zu meiden. Hat man den Ort, auf dem die Hütte erbaut wird, nicht sorgfältig geprüft, so kann es leicht geschehen, dass die Wahl gerade auf einen Ort fiel, auf welchem der Teufel und böse Geister hausen. In diesem Falle spukt es im Hause, und die Bewohner desselben müssen grosses Unheil erfahren. Da bleibt nichts Anderes übrig, als das Blockhaus auf einen günstigeren Ort zu übertragen, und dies geschieht nicht selten. Schlimm ist es auch, wenn man beim ersten Hackenschlag zum Baue eines Hauses Kinder weinen hört; man wird nämlich niemals in dem erbauten Hause seine Kinder grossziehen können. So sollen einem Manne in Uscieryki, dem das böse Orakel auch zu Theil geworden war, schon elf Kinder gestorben sein.

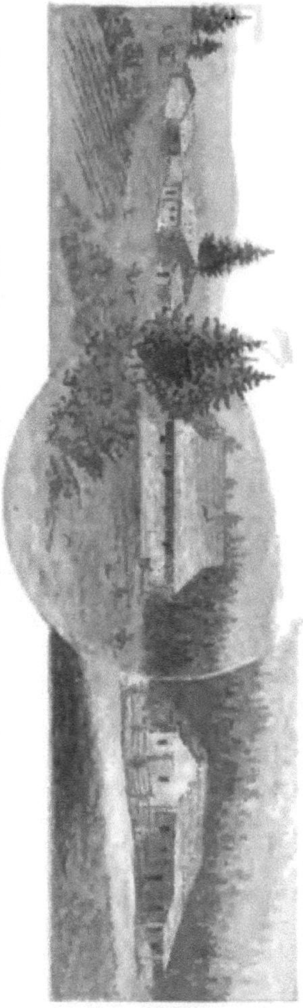

Fig. 1. Bauernhaus aus Dichtenitz. Bauernhaus aus Uscie-Putilla. Bauernhaus aus Sergie.

Das Haus aus Dichtenitz (Eigenthümer Vasile Filipiuk) besteht nur aus dem Vorhause und einer Stube; der kleine Stall ist an das Haus angebaut, links eine Sennküche. Die beiden anderen Häuser weisen hingegen zu beiden Seiten des Vorhauses Stuben und Kammern auf. Beim Hause aus Uscie-Putilla ist die Dachlucke bemerkenswerth.

Will der Huzule sein Gehöft *(dwir)* errichten, so ladet er gewöhnlich seine Nachbarn, die freilich oft nur allzuweit wohnen, zur gemeinsamen unentgeltlichen Arbeit *(toloka* oder *klaka)* ein. Der Huzule baut nur Blockhäuser: das Material bieten ihm die Fichtenwälder seiner heimatlichen Berge. Die Rundhölzer werden höchstens auf jener Seite bezimmert, welche dem Innern des Hauses zugekehrt wird; dann erscheint die Innenseite der Wände eben und glatt, während aussen die unbehauenen Stämme sichtbar sind. Bei sehr vielen Häusern sind aber auch die Innenseiten unbezimmert. Die Wände werden mit Moos verdichtet, aber weder mit Lehm oder Mörtel angeworfen, noch getüncht: ausnahmsweise geschieht dies höchstens mit den an die Fenster stossenden Theilen. Einen Unterbau aus Stein erhält das Haus nur selten, und zwar gewöhnlich nur dann, wenn der Bauplatz nicht eben ist; in der Regel ruhen aber die vier Grundbalken auf unterlegten grossen Steinen. Der Raum zwischen diesen Grundbalken wird mit gestampftem Lehm ausgefüllt; dieser bildet den Fussboden; mit Brettern wird derselbe nicht bedeckt.

Sind die vier untersten Balken gelegt worden, so werden unter dieselben an den vier Ecken gegen die Innenseite hin Weihrauch, Geld, Salz und Brot, gegen die Aussenseite aber Kohlen und Mörtel aus einem Backofen gesteckt. Die ersten Gegenstände sind als glückverheissend für die Bewohner der Hütte bestimmt; die letzteren dagegen gelten den Feinden derselben. Wenn hierauf die vier erwähnten Balken schon miteinander verbunden und befestigt sind, so setzen sich die Hausgenossen auf je eine Ecke derselben und horchen gespannt in die Ferne: Hören sie Vieh brüllen, so gilt dieses als glückverheissendes Zeichen; Unglück verkündet hingegen das Bellen eines Hundes, der Schrei eines Vogels, das Quaken der Frösche.

In der Mitte des Balkenvierecks wird ein Kreuz aufgestellt und dasselbe mit Wolle umhüllt. Sodann werden in ein Gefäss glühende Kohlen gefüllt, Weihrauch darauf gestreut und damit die Grundbalken umräuchert. Nachdem dieses geschehen, wird das Gefäss neben das Kreuz gestellt. Hierauf werden die versammelten Nachbarn bewirtet; wird bei dem Mahle auch Wein gereicht, so ist dies ein Zeichen, dass in der zu erbauenden Hütte oft Gäste einkehren werden. Man muss aber die Arbeiter stets bei guter Laune erhalten, damit dieselben dem Hause nichts Böses wünschen oder — wie der Huzule sagt — ins Balkenwerk kein Unglück einbinden *(lycho zawjezaty)*. Erst nach der Vollendung des Baues wird das Kreuz ausgegraben und unter dem Dache der Hütte aufbewahrt.

Das Haus[1]) des Huzulen wird gewöhnlich mit der Längsseite, in welcher sich die Eingangsthür *(dweri[2])* und die Fenster *(wikna, szklinky, szobky)* befinden, gegen Osten, Südosten oder Süden gekehrt. Längs dieser Seite ist in der Regel eine breite bankartige Erhöhung *(prispa)* angebracht.

[1]) Hiezu Figur 1—11.

[2]) Die Angeln und insbesondere die Schlösser der Thüren sind oft mit grosser Kunstfertigkeit aus Holz gefertigt; doch sind bereits auch eiserne Schlösser im Gebrauche, besonders bei den Vorrathskammern.

Fig. 5. Gebäude der hohen Bilowiek in Uscerki von Aussen betrachtet.

Manche grenzen an der Vorderseite des Hauses auch einen kleinen Hofraum *(zadwiri)* durch eine massive Holzwand *(gra:do pered chatou)* festungsartig ab. Durch diesen Vorbau führt ein Thor *(brama)*. Schon auf den ersten Blick nimmt man den Unterschied zwischen dem Hause des wohlhabenden Bergbewohners und dem des Armen wahr. Zunächst ist nur das Haus des Ersteren ordentlich mit Schindeln, die mit Eisennägeln festgemacht wurden, bedacht: der arme Mann stellt sein Dach aus Dranitzen[1]) oder Schwarten her, die er nebeneinanderlegt und durch quergelegte lange Stangen und Steine befestigt. Ferner pflegt der reiche Huzule längs der Vorderseite seines Hauses einen Vorgang *(ganok)* anzubringen. Der wichtigste Unterschied besteht aber darin, dass das Haus des Armen nur aus einer Stube besteht, während das des Wohlhabenden zwei Wohnräume aufweist.[2]) Letztere Zahl wird nur in Ausnahmsfällen überschritten, etwa wenn der Familienvater schon im Vorhinein für einen Sohn eine bequeme Wohnung in seinem Hause herstellen will. Die zwei erwähnten Stuben

---

[1]) Durch Spalten gewonnene dünne Brettchen, denen der Falz, welcher den Schindeln eigen ist, fehlt.

[2]) Man vergl. die drei Häuser in Fig. 4. Das Haus aus Dichtenitz hat ausser dem Vorhause nur eine Stube, keinen Gang und ein schlechtes Dach; dasjenige aus Sergie ist bereits dreitheilig, hat aber noch keinen ordentlichen Gang und auch kein gutes Dach; endlich tritt uns im Hause aus Uscie-Putilla der Typus eines reichen, moderneren Hauses entgegen. Es muss hier auch erwähnt werden, dass der ärmlichere Typus der Häuser zugleich der ursprünglichere ist. Dass der *ganok* (Vorgang) neueren Ursprunges ist, beweist schon der Name. Man achte ferner darauf, dass erst bei den neueren Häusern das Dach steiler ansteigt (siehe das Haus aus Uscie-Putilla; vergl. auch Fig. 5). Bemerkt sei noch, dass die Abbildung 4 und ebenso 11 und 12 der in den „Mittheilungen der Anthropologischen Gesellschaft zu Wien" im Jahre 1892 erschienenen Arbeit von C. A. Romstorfer: „Typen der landwirthschaftlichen Bauten in der Bukowina" entnommen ist.

chaty) liegen zu beiden Seiten des Vorhauses *(choromy)*, in das man durch die Eingangsthür tritt. In der Regel ist die Stube zur rechten Hand geräumiger als diejenige links. Die grössere Stube *(welika chata)* ist für den Aufenthalt der engeren Familie bestimmt, während die kleinere *(mala chata)* von der Dienerschaft bewohnt wird, als Werkstätte oder Rumpelkammer oder schliesslich dem verheirateten Sohne als Wohnstätte dient; zu letzterem Zwecke wird sie wie die grosse Stube eingerichtet. Die Einrichtung dieser ist aber in jedem Hause im Grossen und Ganzen dieselbe. An der Wand links von der Thür steht der grosse backofenähnlich überwölbte Herd *(piec[1])*, auf dem zumeist die Kinder, im Winter aber auch die Alten ihre Schlafstätte haben. Der Rauchschlauch des Herdes mündet im Vorhause, das keine Decke hat, so dass der Rauch auf den Dachboden *(strych, pid)* ziehen kann. Der Ofen stösst übrigens gewöhnlich mit zwei Seiten an die Stubenwände; um die freien Seiten desselben ziehen aber Bänke. Längs der Hinterwand der Stube ist eine verhältnissmässig breitere Bank *(lawa, lawycia)* angebracht: auf ihr schläft die Mutter mit dem Säugling, und unter ihr finden im Winter die neugeborenen Kälber, Lämmer und Ferkel ihren Platz. An den zwei

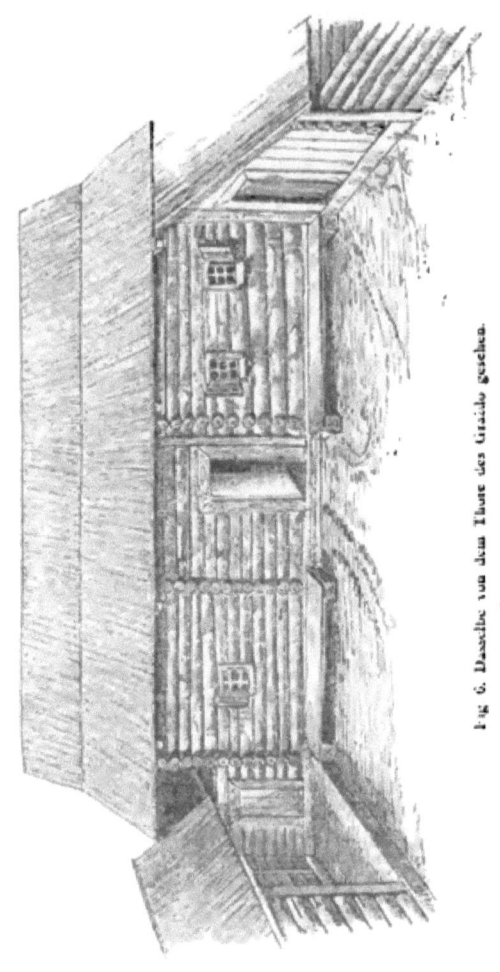

Fig. 6. Dasselbe von dem Thore des Graide gesehen.

---

[1] Hie und da findet man freilich schon auch Sparherde.

34

folgenden Wänden sind schmälere Bänke sichtbar, die bei Tag als Sitz, bei Nacht aber ebenfalls als Bett dienen. Eigentliche Betten *(postil)* finden sich nur hie und da: sie stehen dann an Stelle der breiten Bank an der Hinterseite der Stube, und zwar womöglich so, dass man mit dem Kopfe nach Osten schlafen kann; denn das ist glückbringend. An der Wand rechts von der Thür befindet sich endlich der Geschirrkasten *(połycia)*, in welchem die irdenen Schüsseln und hölzernen Löffel aufbewahrt wer-

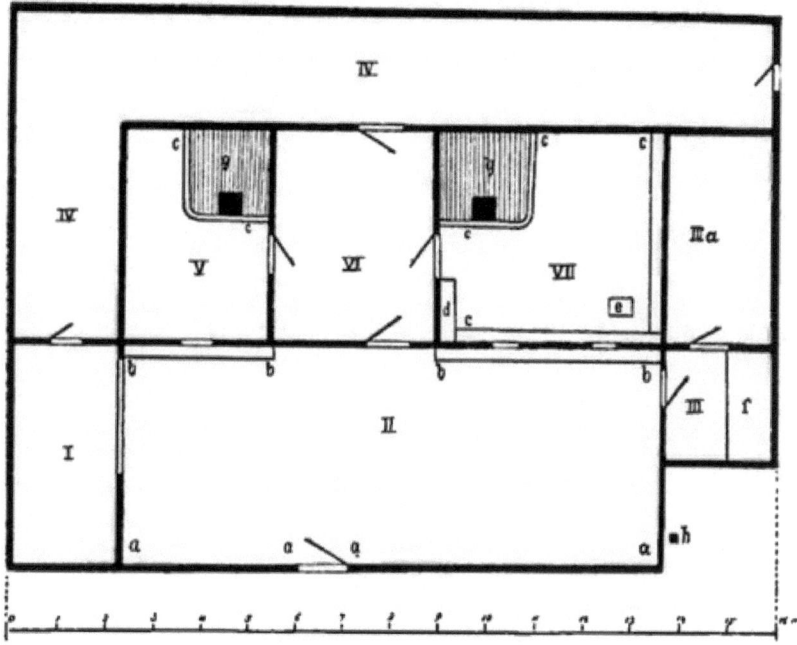

Fig. 7. Grundriss desselben Hauses.

I Holzschuppen. II Vorhof. III Vorkammer *(czrznaka)*. IIIa Kammer. IV Stallungen. V Kleine Stube. VI Vorhaus. VII Grosse Stube. *a a a a Grazdo. b b b b Pricpa. c c* Bänke. *d* Geschirrkasten. *e* Tisch. *f* Bett für den Sommer. *g* Oefen. *h* Hund.

den; Gabeln gebraucht der Huzule nicht. An Küchengeräthen sind noch einige Töpfe und ein gusseiserner oder blecherner Kessel zur Bereitung des Kukuruzbreies vorhanden. Feuerböcke sind bei den Huzulen nicht zu finden, da ihre enge Feuernische im Ofen zur Aufnahme derselben überhaupt nicht geeignet ist. Kleiderrechen *(hrcdky, lertky)* für die alltäglichen Kleidungsstücke, in der Regel auch ein Tisch *(stiu)*, kleine tragbare Bänke *(stilczyki)*, einige Bilder, Kreuze, zuweilen auch Waffen oder gar ein Spiegel und eine Uhr vervollständigen die schlichte Einrichtung. Die Fenster der Stuben sind klein und in Folge des vorspringenden Daches und noch mehr des oben erwähnten Vorbaues, wo dieser vorhanden ist, herrscht in den Häusern in der Regel nur ein Dämmerlicht. Das ganze Gehöfte lässt daher auch in Rücksicht auf die Gesundheitsverhältnisse viel zu wünschen übrig.

An das Wohnhaus lehnen sich gewöhnlich die Stallungen für das Vieh *(kolesznia do mareny)* an; sie sind in diesem Falle mit dem Hause durch ein Schleppdach verbunden. Seltener sind die Stallungen getrennt vom Hause, und zwar pflegt man zumeist die Pferdeställe *(stajni)* so zu bauen.[1]) An das

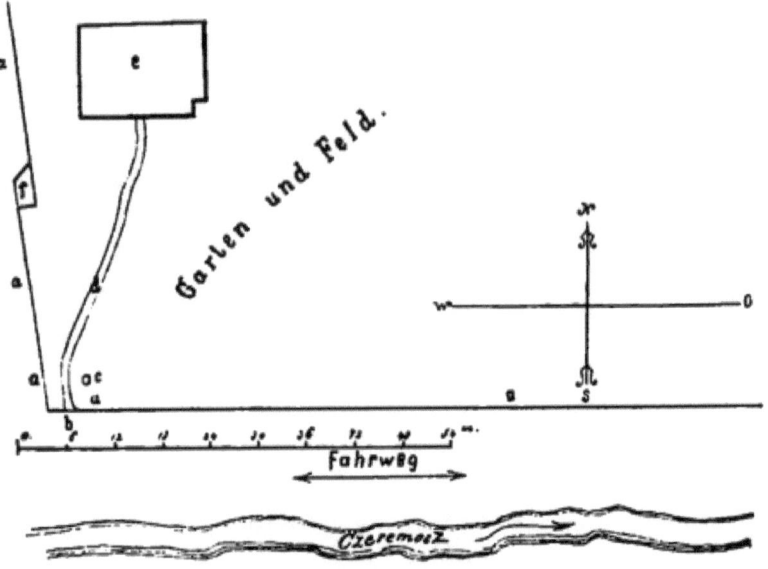

Fig. 8. Situationsplan desselben.

a a a Zaun. *b Strunka* und *perelas. e* Brunnen. *d* Steg. *e* Haus. *f* Schweinestall.

Haus angebaut oder auch in der Nähe desselben steht ferner die Kammer *(komora, klit)*, welche zur Aufbewahrung der Fruchtvorräthe, Nahrungsmittel, dann der Feiertagsgewänder u. dgl. dient. Hier werden auch in einem Koffer oder in einem verschliessbaren runden Gefässe *(bodnia)* die Werth- und Schmucksachen wie auch die „Papiere" — letztere überdies zwischen zwei Brettchen eingelegt — aufbewahrt. In manchen Häusern vertritt die Stelle dieser Kammer völlig die kleine Stube. Auch eine Holzkammer

---

[1]) Der an das Haus angebaute Stall hat vor Allem den Zweck, dasselbe gegen Kälte zu schützen; daher ist diese Bauart zumeist bei exponirt stehenden Häusern üblich. In geschlossenen Siedelungen finden sich dagegen die Stallungen oft getrennt vom Wohnhause.

3*

(drewprub) findet man bei den Häusern reicherer Wirthe. Für die Schweine, die übrigens auch in den schon erwähnten Stallungen gehalten werden, befindet sich zuweilen noch ein besonderes Kämmerchen *(kucza)* meist weit entfernt vom Hause innerhalb einer Einfriedung.[1]) Ebenso sieht man in der Nähe des Gehöftes nicht selten ein oder zwei Heudächer *(oborich,* plur. *obcrohy).* Keller findet man ebenfalls, doch selten unter dem Hause, öfter in der Gestalt von Erdlöchern *(jama);* im Winter werden die-

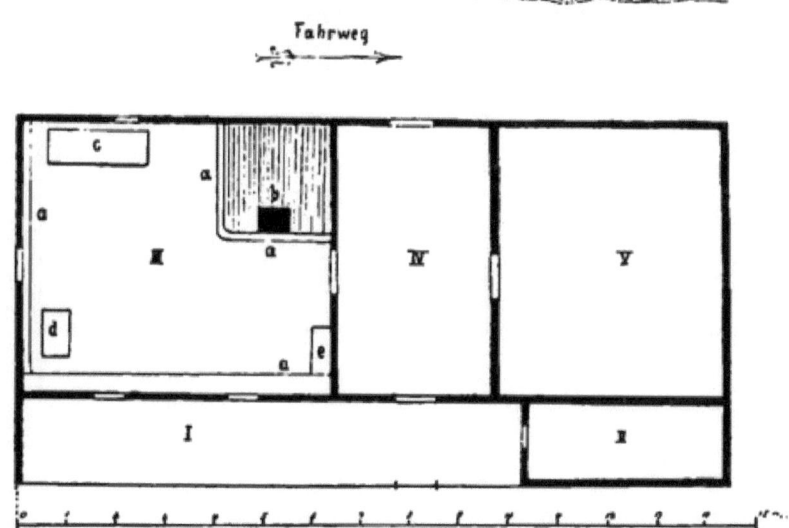

Fig. 9. Grundriss des Hauses der Marfa Duczyk in Seletyn.

· I Vorgang. II Kämmerchen. III Wohnstube. IV Vorhaus. V Kammer. *a a* Bänke. *b* Ofen. *c* Bett. *d* Tisch. *e* Geschirrkasten. Rings um das Haus liegt ein Hofraum mit einer kleinen Stallung rechts unten. Weiter nach unten schliesst sich der Garten an, in welchem sich der Verschlag für die Bienen-stöcke befindet. Die Lage des Gehöftes ist nicht genau mittelst Compasses aufgenommen worden; im Allgemeinen dürfte die Frontseite gegen Süden bis Südosten gerichtet sein. Die Wohnstube liegt gegen die Regel links.

selben mittelst Brettern, Heu und Mist zugedeckt. Die Erdäpfel werden für den Winter in Gruben aufbewahrt, die nur an wärmeren Tagen geöffnet werden. Auch einen Ziehbrunnen *(kernycia)* findet man bei manchen Häusern, wenn schon nicht ein natürlicher Quellbrunnen *(czurkalo)* Wasser spendet. Wo ein Brunnen überhaupt fehlt, pflegen manche Huzulen für den dürstenden

[1]) Vergl. die Abbildung 8.

Wanderer in einem kleinen Verschlage neben der Strasse eine Kanne voll Wasser hinzustellen. Man nennt dies ein *prosty bih*, d. h. „John Gott!", weil der Wirth damit ein gottgefälliges Werk übt. Die Verschläge sind meist an Bäumen angebracht, und man findet solche nicht nur in den Dorfstrassen, sondern auch auf wasserlosen Almen. Hie und da sieht man neben dem Wege auch grössere Verschläge mit Bänken zum Ausruhen und Uebernachten. Auch muss bemerkt werden, dass diejenigen Wirthe, welche beim Hause die Milchwirthschaft im Grossen betreiben, neben demselben einen besonderen Verschlag *(waternyk)* mit dem grossen Milchkessel herrichten,

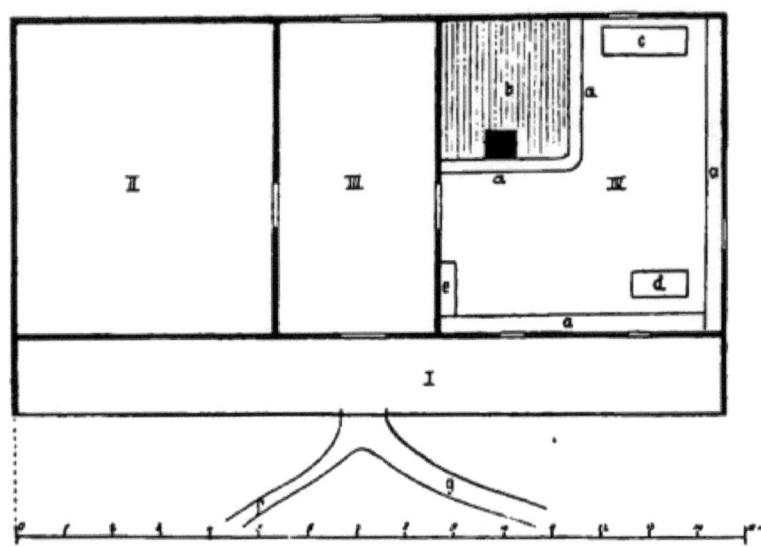

Fig. 10. Grundriss des Hauses des Stefan Duczyk in Seletyn.

I Vorgang. II Kammer. III Vorhaus. IV Wohnstube. *a a* Bänke. *b* Ofen. *c* Bett. *d* Tisch. *e* Geschirrkasten. *f* Steg zur Quelle. *g* Steg (circa 200 Schritte) zum Fahrwege, an welchem das Haus der Marfa Duczyk (Fig. 9) liegt. Um das Haus dehnt sich eine Wiese *(carynka)* aus. Links vom Fussteig *f* steht der Stall. Das Haus ist im Allgemeinen mit seiner Vorderseite gegen Osten gerichtet.

wie dies sonst auf den Almen üblich ist.[1]) Bewohnt wird durchschnittlich ein Haus von vier bis fünf Seelen.

Neben dem Gehöfte erblickt man oft auch einen Garten, in dem einiges Gemüse, Obstbäume, zuweilen auch Blumen, besonders Basilicum, gezogen werden. In demselben befindet sich in einem Verschlage gewöhnlich auch der Bienenstand *(pasieka)*, der für den Winter wohl in der

[1]) Vergl. auf der Abbildung 1 das Gehöfte aus Dichtenitz und die Fig. 11 u. 12. Der Kessel schwebt in den Sennhütten über dem Feuer zwischen drei in Form einer Pyramide aufgestellten Stangen.

38

Kammer untergebracht wird. Umgrenzt ist das Gehöft des Huzulen zumeist mit einem Zaun *(plit)*, welcher aus langen wagrechten Stangen *(worenic)* und senkrechten Pflöcken *(kili)* derart hergestellt ist, dass er leicht aus-

Fig. 11. Huzulenhaus aus dem Wiżnitzer Bezirk auf der Landesausstellung in Czernowitz 1886.

einander genommen und wieder hergestellt werden kann. Die Construction des Zaunes bringt es mit sich, dass derselbe in Zickzacklinien dahinzieht. Thore finden sich in diesen Zäunen selten; sie bestehen dann aus leichtem Lattenwerk und heissen *worota*. Zumeist richtet man eine *strunka* oder

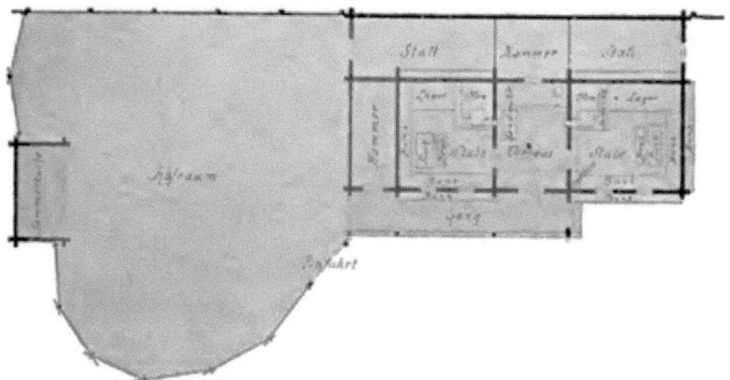

Fig. 12. Grundriss desselben im Maassstab 1 : 225. (Die Länge des Hauses beträgt darnach 13·5 m.)

rosłoha ein, welche aus zwei durchlöcherten senkrechten Balken und den durch diese Löcher wagrecht durchgesteckten verschiebbaren Latten besteht. Für die Fussgänger wird das Ueberschreiten des Zaunes gewöhnlich durch ein oder zwei zu beiden Seiten desselben angebrachte Bänkchen erleichtert; eine derartige Vorrichtung nennt man *perclas*. An Stelle der Bänkchen benützt man oft grosse Steine. Uebrigens hilft man sich auch damit, dass man irgendeine Wand des Zaunes auseinandernimmt und so

Fig. 13. *Strunta* oder *rostvha* (zugleich *perclas*).

mit den Viehstücken oder dem Wagen hindurchkommt. Mit derartigen Zäunen sind auch die Felder der Huzulen, die sich meist an die Gärten anschliessen, und ebenso die Wiesen umzogen; doch dienen auch auf-

Fig. 14. Zaun *(plit)*.

einandergehäufte Bäume und Aeste als Grenzbezeichnung *(dilnycia)*, und wo das Material zur Hand ist, wird ein „ewiger Zaun" *(wicznyj plit)* aus Steinen aufgeführt. Die Grenzen zu verschieben gilt als Todsünde.

Muss der Huzule aus irgend einem Grunde seine alte Wohnung verlassen, so verrichtet er ein Dankgebet für das ihm in dem Hause zu Theil
gewordene Glück und betritt sodann mit Brot und Salz in den Händen
das neue Heim, nachdem er dasselbe schon zuvor mit Weihrauch umräuchert hat.

VII.
Das Dorf und die Behörden. Rechtsanschauungen.

Wie in den Ostkarpaten überhaupt, so sind auch im Gebiete der Huzulen
Dörfer im Sinne von grossen zusammenhängenden Ansiedelungen nur selten
zu treffen. Während unmittelbar am Fusse der Karpaten Ortschaften von
2000, 3000 und selbst 5000 Einwohnern sich ausbreiten, steht im Gebirge
zumeist nur eine ziemlich beschränkte Zahl von Gehöften beisammen. Die
statistisch-geographischen Ortsrepertorien sind zwar geeignet, die Meinung
hervorzurufen, dass auch im Gebirge grosse Ortschaften vorhanden sind,
aber dem eigentlichen Sachverhalt entspricht dies nicht. Man würde im
Gebirge in den meisten Fällen vergebens nach den volkreichen Dörfern
Umschau halten, deren Namen uns in jenen Repertorien begegnen. Unter
denselben sind vielmehr zumeist zahlreiche kleine Siedelungen zusammen-
gefasst, die auf ein weites Gebiet zerstreut sind und in der Regel eigene
Namen führen. Nur das Bedürfniss der leichteren Verwaltung und ähnliche
Rücksichten haben die Vereinigung unter gemeinsamen Namen veranlasst,
und nur die gemeinsame Kirche, das Gemeindeamt und etwa die Schule
erwecken ein Gefühl der Zusammengehörigkeit. Sonst fühlen sich die Bewohner der einzelnen kleinen Siedelungen ziemlich selbstständig, und es ist
Thatsache, dass der Huzule, nach seiner Heimat befragt, oft einen Namen nennt,
den man in keinem Ortslexikon finden würde. Er führt eben unbekümmert
um die Gemeinde und das Dorf den volksthümlichen Namen jener kleinen
Siedelungsstätte an, woselbst seine Hütte gelegen ist. Die Grenzen seines
Wohnortes bezeichnet der Huzule als *hilary*.

Je schütterer die Gehöfte stehen, je weiter ein Nachbar vom anderen
wohnt, umsomehr muss es ihm daran gelegen sein, mit demselben im Frieden
zu leben. Die Verhältnisse im Gebirge bringen es mit sich, dass man einen
guten Nachbar zu schätzen weiss: der Huzule bringt dies in dem Sprich-
worte zum Ausdruck: „Ein guter Nachbar ist wie gutes Brot." Wie schwer
es aber den Leuten fällt, unter einander Frieden zu halten, dafür spricht
unter Anderem der schon an einer früheren Stelle erwähnte Umstand, dass
nahe Nachbarn nicht zu Taufpathen gewählt werden: denn mit ihnen gäbe
es oft Streit, was zwischen Pathen eine Sünde wäre. Im Frieden lebende Nachbarn unterstützen einander vorzüglich bei Gelegenheit der schon erwähnten
toloka oder *klaka*. Bei grosser und dringender Arbeit ladet nämlich der
Huzule, wie dies auch anderwärts im Ostkarpatenlande üblich ist, seine
Nachbarn zur unentgeltlichen freiwilligen Arbeit ein. Die Arbeiter erhalten

bei dieser Gelegenheit Speise und Trank und unterhalten sich nach beendeter Arbeit bis tief in die Nacht hinein bei Musik und Tanz. Zuweilen wird schon während der Arbeit etwa auf einer Geige gespielt. Am Sonntag und an Feiertagen morgens concentrirt sich alles Leben um die Kirche: am Nachmittag um das Wirthshaus.

An der Spitze des Dorfes steht der *wijt, dwirnyk* oder *wataman;* ihm zur Seite die Geschworenen *(presižny, žuraty).*[1]) Ein oder zwei *policejnyki, policcij, patrolnyki, wataszki, puszkari,* oder endlich *pancirny* dienen als Amtsdiener und Sicherheitswache. Ihre Rechte und Pflichten sind im Grossen und Ganzen gleich denen ähnlicher Behörden anderwärts. Der Huzule ist auf diese Amtspersonen nicht gut zu sprechen; vor Allem wirft er ihnen Bestechlichkeit vor. Ungerechte Richter — erzählt der Volksmund — würden nach ihrem Tode vom Teufel an grosse Bäume geschmiedet, die sie auf die Czorna Hora, die höchste Karpatenerhebung im Huzulengaue,[2]) so lange zerren müssten, bis ihre Sünden gebüsst seien. Ebenso verachtet und gescheut werden die Advocaten *(adukanty).* „Die ‚Adukanten‘ schinden die Haut“, sagt ein geflügeltes Wort, und eine andere Redensart lautet: „Besser ein ‚stroherner‘ (magerer) Vergleich als ein goldener Process.“ Trotzdem scheinen die Huzulen ziemlich processsüchtig zu sein.

Zu den angesehenen Personen im Dorfe zählen besonders noch der Pfarrer und der Schullehrer, doch hängt deren Einfluss von ihrer Persönlichkeit und ihrem Verhältnisse zum Volke ab. Die Dorflehrer haben in Folge der allgemeinen Abneigung gegen die Schule einen schweren Stand. Insbesondere werden aber habsüchtige Pfarrer gehasst. Ein geachteter Priester übt dagegen einen überaus wohlthuenden Einfluss, vorzüglich durch friedensrichterliche Functionen.

Im Allgemeinen muss bemerkt werden, dass die Huzulen, wie überhaupt die Landleute im Ostkarpatengebiete, keine richtige Vorstellung von der constitutionellen Regierungsform besitzen. Alle gesetzlichen Bestimmungen werden als absolute kaiserliche Befehle betrachtet, welche deshalb befolgt werden müssen. Dem Kaiser ist das Volk mit unbedingter Hochachtung ergeben; wie es auch von ihm nur nach seinen Begriffen Gutes und Mildes erhofft. Daher erzeugen Anordnungen, welche dem Volksgeiste widerstreben, in der Regel den Glauben, dass sie ohne den Willen des Kaisers erlassen worden wären. Um auszudrücken, dass eine behördliche oder richterliche Verfügung ungerecht sei oder dem vermeinten Willen seiner Majestät widerspräche, bedient sich der Huzule wie der Rutene des Sprichwortes: „Gott ist hoch — der Kaiser weit.“ Insbesondere scheinen dem Volke die Steuern zu hoch; es zahlt dieselben widerwillig, weil sie nach seiner Ansicht zumeist für die Gehalte der unbeliebten Beamten verwendet würden. Für Kaiser und Vaterland ist übrigens der Huzule in der Regel mit Begeisterung erfüllt und dient verhältnissmässig gern als Soldat,

---

[1]) Erstere Bezeichnung ist im Czeremoszgebiete üblich; die zweite kommt aus dem Rumänischen *(jurat = juratus)* und wird im Suczawathale gebraucht, wo die Huzulen an die Rumänen grenzen.

[2]) Vergl S. 1.

wenn er auch schwer sich von seiner Heimat trennt. Aus den Kriegen kommen Viele mit einer Auszeichnung heim, und welcher etwa bei der Burgwache war und die kaiserliche Familie oft sah, der rühmt sich stets dessen gern.

In seinen rechtlichen Anschauungen ist der Huzule durchaus nicht streng. Einzelne gesetzliche Bestimmungen leugnet er offen als bindende ab, so insbesondere den Wildschutz, den Fischereivorbehalt und die Verordnungen gegen den Schmuggel. Kann er diese Gesetze umgehen, so glaubt er damit gar kein Fehl begangen zu haben. Das Stehlen, insbesondere wenn ein Nichthuzule geschädigt wird, soll in vielen Gegenden ebenfalls nicht verpönt sein. Im eigenen Interesse zu bestechen gilt geradezu als gebotene Pflicht, und die Redensart „wer schmiert, der fährt" ist auch im Huzulengebiete üblich. Um Reisende, besonders jüdische Kaufleute *(kupci)* zu berauben, soll selbst die Gastfreundschaft verletzt worden sein. Bis vor etwa vierzig Jahren war es im Gebiete der Huzulen um die Sicherheit des Lebens und Vermögens noch sehr schlimm bestellt. Im Czeremoszgebiete soll sich insbesondere der strenge Mandatar Herlicka in den Vierzigerjahren um die Herstellung geordneter Verhältnisse grosse Verdienste erworben haben. Noch heute zeigen die Huzulen in Uścieryki, das am Zusammenflusse des schwarzen und weissen Czeremosz liegt, ein dunkles Kellergewölbe, in dem Herlicka die Gefangenen unterbrachte. Sie nennen dasselbe „*Herlickowa newola* (Herlicka's Gefängniss)", und der Ort gilt ihnen als unrein. Vor hundert Jahren rühmten sich die Huzulen übrigens selbst, zusammengelaufenes Raubvolk zu sein.[1]) Darauf deutet auch ihr Name, der aller Wahrscheinlichkeit nach vom rumänischen *hoc, hocul* — Räuber, abzuleiten ist. Unter den Räuberführern des vorigen Jahrhunderts ragt besonders Doubusz hervor.[2]) Noch heute erzählt das Volk von seinem Leben und seinen Thaten und glaubt hier und dort seine verborgenen Schätze finden zu können. Die Sagen, welche über diesen kühnen Mann sowohl bei den Huzulen als auch den anwohnenden Rutenen umgehen, sind voll Bewunderung für ihn; ja Doubusz wird geradezu als ein gottbegnadeter Mensch hingestellt. Die Erklärung dieses Umstandes ist darin zu suchen, dass das Volk in Doubusz und seinen Gefährten keine Räuber, sondern Volkshelden erblickt. In der ersten Hälfte des vorigen Jahrhunderts, da die Bewohner an der Suczawa, dem Czeremosz und Prut unter den wirren Verhältnissen, die in der Moldau und in Polen herrschten, unsäglich litten, da die Unterthanen von ihren Grundherren mit unmenschlicher Härte behandelt, ja geradezu verkauft wurden, griffen erklärlicher Weise Viele zur Selbsthilfe, und zu diesen gehörte auch Doubusz. Von ihm erzählt das Volk, wobei es freilich irrt,[3]) dass er nur die

<hr>

[1]) Ueber diese und die folgende Bemerkung vergl. die Einleitung S. 3.

[2]) Doubusz ist im Jahre 1745 vom Manne seiner Geliebten erschossen worden. Die Hütte, wo dies geschah, wird noch gegenwärtig in Kosmacz gezeigt. Ausführlich werde ich an einem andern Orte über diese Sagen handeln.

[3]) Es steht urkundlich fest, dass Doubusz nicht Anstand genommen hat, selbst mit dem berüchtigten Juden Selman in Verbindung zu treten und denselben einen Theil seiner Bande zur Verfügung zu stellen. Vergl. meinen Aufsatz „Jud Selman" in Nr. 5 meines Sammelwerkes „Der Buchenwald", S. 43.

Reichen beraubt und getödtet habe, um die Armen zu rächen und zu unterstützen: er und seine Gefährten seien *opryszki* oder *hajdamachi* gewesen, nicht aber gemeine Räuber *(rabiunyki)* oder gar Diebe *(złodiji)*. Hervorgehoben muss aber werden, dass, wenn auch die Huzulen das Andenken dieser Männer in Sage und Lied ehren, sie gegenwärtig friedlichen Charakters sind und der Reisende völlig sicher ihr Gebiet durchzieht. Wenn man noch hie und da liest, dass der Huzule stets die Pistole im Gürtel führt u. dgl. m., so ist dies bloss Hirngespinnst sensationssüchtiger Feuilletonisten.

Ausser von Doubusz erzählt man vorzüglich noch vom Räuber Dari.[1] Während jener insbesondere am Prut und Czeremosz gefeiert wird, berichtet man von diesem im Suczawathale. In den Sagen von Doubusz berühren sich die Huzulen mit den Rutenen, in denen von Dari mit den Rumänen. Aber auch von anderen Räubern wird erzählt und gesungen, insbesondere am schwarzen Czeremosz. Je näher aber dieselben unseren Tagen stehen, desto mehr schwindet jener romantische Zauber, in dem die früheren erscheinen. Hier folgen noch einige Ueberlieferungen über Doubusz und Dari.

Einst hütete Doubusz die Schafe seiner Gutsherrschaft. Als er dieselben eines Tages heimtrieb, verloren sich einige unterwegs im Gebüsche. Sobald nun der Gutsverwalter *(watass)* diesen Abgang bemerkte, schickte er den jugendlichen Hirten wieder zurück, damit er die verlorenen Thiere aufsuche; auch drohte der grausame Mann ihm mit dem Tode, wenn er dieselben nicht fände. Wo auch immer er ihn erblicken werde, dort würde er ihn todtschlagen.

Da ging denn Doubusz hin und suchte. Plötzlich brach aber ein heftiges Gewitter los, und er flüchtete sich, um vor demselben einigen Schutz zu finden, unter einen Baum. Diesem gegenüber erhob sich aber ein Fels, und als der Hirt auf denselben zufällig seine Blicke lenkte, bemerkte er, wie der Teufel auf demselben erschien und den heiligen Elias, der über den Blitz und Donner herrscht, reizte. Als Doubusz das sah, da schlug er ein Kreuzzeichen, und der Teufel verschwand. Bald erschien er aber wieder, und das wiederholte sich so mehrere Male. Darüber erzürnt, beschloss Doubusz den Teufel zu tödten. Sobald sich dieser wieder auf dem Felsen zeigte, zielte er auf ihn und schoss ihn nieder. Als es heiter wurde, liess er den todten Teufel auf dem Felsen liegen, selbst ging er aber seines Weges.

Wie er so dahinschritt, kam ihm ein Engel entgegen und fragte ihn, wohin er gehe. Der Jüngling erzählte ihm sein Leid und wollte weiterziehen, um die Schafe zu suchen. Daran verhinderte ihn aber der Engel. „Geh' nicht", sagte er, „die Thiere werden bald da sein; sage mir aber vor Allem, welchen Lohn begehrst du dafür, dass du dieses ‚Thier' erschossen hast?" Doubusz erschrak zunächst über diese Frage und wollte davoneilen. Der Engel hielt ihn jedoch zurück und sagte, er möge nichts fürchten, denn Gott habe ihn gesandt, damit er seine verdienstvolle That belohne.

[1] Derselbe fand im Jahre 1868 seinen Tod am Galgen. Er wurde auf der Hutweide seines Heimatsdorfes Margina hingerichtet. Vergl. Wickenhauser, Moldawa II, 205.

Als Doubusz diese Versicherung vernommen hatte, da bat er sich drei Dinge aus: Nie möge ihn eine Flintenkugel tödten, ebenso solle er niemals einem Axthiebe erliegen und drittens endlich dem Feuer unverletzt trotzen können. Der Engel sagte ihm die Erfüllung dieser Bitten zu und befahl ihm, das Gewehr zu laden. Doubusz gehorchte, und der Engel schoss auf ihn die Büchse ab: der Jüngling blieb aber unverletzt. „Wie diese Probe, so wirst du auch die anderen bestehen", sagte der Engel, wies sodann auf ein Gebüsch, in dem er die Schafe finden würde, und verschwand. Andere sagen, dass sich Doubusz damals auch unüberwindliche Stärke erbeten habe.

Doubusz fand im Gebüsche seine Schafe, wie es der Engel vorher-gesagt hatte, und ging mit ihnen heim. Obwohl nun der Schaden gut-gemacht war, wollte der Verwalter ihn doch schlagen lassen. Darüber er-zürnte Doubusz und versetzte seinem Peiniger einen derartigen Hieb, dass dieser taumelte und zu Boden fiel.

Als es aber bekannt geworden war, dass Doubusz die Eigenschaft besitze unverletzlich zu sein, da lud man ihn nach Kossów, einem Städtchen am Fusse des Gebirges, ein, um hier mit ihm eine Probe zu versuchen. Nun befindet sich aber in diesem Orte eine Salzsiederei *(bania)*, und so füllte man denn einen grossen Kessel voll Salzwasser und brachte dieses zum Sieden. Doubusz aber sprang in dasselbe hinein, und ohne dass es ihm ge-schadet hätte, setzte er sich dann auf den Rand des Kessels und blies die Hirtenflöte.

Fortan galt Doubusz als der stärkste und gefürchtetste Mann: nie wieder stellte man mit ihm eine Probe an. Er ging aber in die Gebirge, ver-sammelte muthige Männer um sich und beherrschte fortan durch viele Jahre die Gegend.

Auf dem Wege nach Wiżnitz, das wie Kossów am Fusse des Gebirges liegt, erhebt sich beim Dorfe Uścieputilla ein hoher Fels, auf dem sich Doubusz mit seinen Mannen zu Zeiten aufhielt. Auf der höchsten Spitze dieses Felsens hat Doubusz ein hölzernes Kreuz aufgerichtet. Hatte er aber, wie es oft geschah, einen Streich glücklich vollführt, und war er seinen Verfolgern unversehrt nach diesem unnahbaren Schlupfwinkel entronnen, so erschien er zuweilen auf der Spitze dieses Felsens und gab von seinem herz-haften Muthe Proben, indem er hart am Rande des Abgrundes Purzel-bäume schlug. Dabei lachte er die unten stehenden Gegner noch tüchtig aus.

Aber dieses Treiben sollte nicht immer währen.

Doubusz hatte Axenia, das eheliche Weib des Stephan Dzwinka, lieb-gewonnen und besuchte sie oft nächtlicherweile, um von seinen Mühen und Gefahren auszuruhen. Stephan erfuhr davon, und Eifersucht bemächtigte sich seiner. Da er aber wusste, dass Doubusz unverletzlich sei und er ihm nichts anthun könnte, beschloss er mit List vorzugehen. Er machte gute Miene zum bösen Spiel und gewann schliesslich sein Weib für den Rache-plan. Dieses sollte von Doubusz selbst in geschickter Weise das Geheimniss

gewinnen, wie er verwundet werden könnte, und dann sollte ihm Dzwinka
das Leben nehmen.

In der Nacht, da Doubusz bei ihr lag, entlockte Axenia, ihn liebkosend,
das Geheimniss und hinterbrachte es nachher ihrem Manne. Eine silberne
Kugel, mit dem Safte eines gewissen Krautes bestrichen und durch zwölf
Messen geweiht, sollte die Kraft haben, dem gewaltigen Helden das Leben
zu nehmen. Wenn man ihm diese Kugel in die Achselhöhle senden würde,
so müsste er sterben. Sofort traf Stefan auf das Genaueste alle diese Vorbereitungen. Er goss die Kugel, weihte sie sorgsam und harrte der nächsten
Nacht, da Doubusz wiederkommen sollte.

Da geschah es denn, dass Doubusz nach einem glücklichen Streiche
in tiefer Nacht zum Hause Dzwinka's kam, um dessen Weib aufzusuchen.
Er fand aber die Thüre verschlossen und Axenia kam nicht wie sonst her-
bei, um dieselbe zu öffnen. Da rüttelte der Hajdamach mit Gewalt an der
Thüre und drohte dieselbe zu sprengen, wenn Axenia sie nicht öffnen
würde. Erst jetzt liess sich diese vernehmen, aber ihre Rede war voll Hohn:
„Meine Thüren sind aus Eibenholz" — sagte sie — „und meine Schlösser
aus festem Stahl;[1] rüttle so viel du willst, du wirst doch draussen bleiben."
Während sie aber diese Worte sprach, lag bereits Dzwinka unter dem
Dache über der Thüre und beobachtete den zürnenden Doubusz. Als dieser
voll Grimm über die untreue Geliebte die Arme erhob, um die Thüre zu
fassen und sie herauszureissen, da schoss ihm Stefan die Zauberkugel unter
dem Arm in die Brust.

Zum Tode getroffen sank Doubusz nieder. Dann erhob er sich noch
einmal, schleppte sich mit Mühe zu seinen Gefährten und bat sie, seinen
Tod zu rächen, dann aber sich zu zerstreuen. Kurz darauf verschied er,
nachdem er — wie Manche sagen — noch ein Sterbelied angestimmt hatte.
Seine Gefährten machten aber aus ihren Büchsen und Hackenstöcken eine
Tragbahre und trugen ihren geliebten Führer auf den Gipfel der Czorna
Hora. Hier beerdigten sie ihn, und noch heute ist dort sein Grab.

Vor dem Tode hat aber Doubusz auch noch sein Beil mit gewaltiger
Kraft in einen Felsen eingekeilt. Dort soll es noch heute sich befinden.
Wer aber die Stärke haben wird, das Beil aus dem Felsen zu reissen, der
wird sein Nachfolger werden. Einst hat auch schon ein Kind, das erst drei
oder vier Jahre zählte, an dem Beile gerüttelt; das Volk hat es aber getödtet, damit kein zweiter Doubusz auftrete.

Der Schluss der Ueberlieferung, die übrigens nur einen Theil der
Doubusz-Sagen bildet,[2] ist bezeichnend. Jetzt, da geordnete Zustände
herrschen, wünscht Niemand mehr das Auftreten eines „Volkshelden".
Einzelne Züge der Erzählung, beispielsweise das Verhältniss der Axenia

---

[1] „U mene dwera tesowy, a zamki stalowy."

[2] Es ist von Interesse zu erfahren, dass nach einer der Versionen, die wohl auf jüdischen
Einfluss zurückzuführen ist, die Stärke und Ueberwindlichkeit Doubusz' in seinen Haaren lag. Erst
nachdem Axenia ihm das Geheimniss abgeschwatzt und ihm das Haar abgeschnitten hatte, konnte ihr
Mann ihn tödten.

zu Doubusz und ihr Verrath desselben an ihren Mann, finden im Leben der Huzulen auch heute noch ihr Gegenstück.[1]) Wenden wir uns nun der Ueber-lieferung über den Räuber Dari zu. Von ihm erzählt man unter Anderem Folgendes:

Dari verstand die Büchsen zu beschwören, und mit Hilfe dieser Kunst schlug er den Dienern der Gerechtigkeit, die ihn verfolgten, manches Schnippchen. Da er aber in Folge dieser besonderen Kraft gar arg sein Handwerk trieb, setzte die Regierung auf seinen Kopf einen grossen Preis, gleichviel, ob man ihn lebend oder todt einliefern würde.

Da lebte ein alter Mann, der das viele Geld verdienen wollte. Ihm war auch die Kunst eigen, Waffen zu beschwören, und er kannte auch den Schlupfwinkel Dari's. Dahin führte er also eines Tages die Soldaten. Er liess aber diese vor der Höhle halten und ging selbst in den Raum hinein, wo er den Räuber schlafend fand. Er beschwor nun zunächst dessen Pistolen; dann weckte er ihn aber mit den Worten: „Steh' auf, denn du hast nicht mehr lange zu leben."

Verwundert raffte sich Dari auf und griff nach seiner Pistole. Dann setzte er die Mündung derselben jenem ans Herz und fragte, ob er dessen rechte oder linke Seite durchschiessen solle. „Triff in die Mitte, wenn du es kannst", antwortete der Alte zuversichtlich, denn er hoffte, dass die Waffe versagen würde.

Aber Dari verstand es, beschworene Waffen wieder zu entzaubern. Das that er denn auch mit seiner Pistole und sagte dann: „Du alter Narr, siehst du dort den Nagel an der Wand?" und damit legte er an und schoss das Eisen glatt weg. Da fiel ihm der Alte jammernd zu Füssen; er aber erbarmte sich seiner und führte ihn vor die Thüre. Seinen Häschern ist er auch dieses Mal glücklich entronnen.

Diese Erzählungen mögen genügen, um die für die Huzulen so charak-teristische Auffassung des Räuberlebens früherer Zeit zu kennzeichnen. Kehren wir nun zu unserer Betrachtung der Rechtsanschauungen derselben zurück.

Aus Bemerkungen, welche bei anderen Gelegenheiten bereits gemacht wurden, wird man es erklärlich finden, dass die Huzulen Wald-, Wild- und Fischdiebstahl, ferner den Diebstahl überhaupt und insbesondere von Lebens-mitteln, dann aber auch Ehebruch und alle Sittlichkeitsverbrechen milder be-urtheilen werden, als es zufolge des Strafgesetzbuches geschehen sollte; auch Ehrenbeleidigungen und Trunkenheit werden leicht entschuldigt. In Bezug auf den Diebstahl ist es noch bezeichnend, dass man sich damit begnügt, wenn der gestohlene Gegenstand wieder erstattet wird. An den Geschädigten wird wohl auch ein Schweiggeld gezahlt, damit der Uebelthäter nicht in Verruf komme. Besonders verpönt scheint nur der Bienendiebstahl zu sein. Wenigstens erzählt man, dass den Bienendieben im Jenseits die gestohlenen Bienen durch den Nabel herausfliegen werden. Noch Andere sagen, dass

---

[1]) Man vergl. den Bericht auf S. 22.

die Uebelthäter schon auf dem Wege ins Jenseits von den Bienen auf- gezehrt würden.

Ueberaus hart werden verhältnissmässig Kirchenraub und Raub an einer Leiche, ferner Gotteslästerung, Brandlegung, dann auch das Nicht- halten der grossen Fasten und schadenbringende Zauberei verdammt. Als etwas Schändliches wird die Verrätherei bezeichnet. Blutschande kommt — wie bereits erwähnt wurde — vor: doch zählt sie zu den grössten Sünden, und können auch nach dem Volksglauben in der Blutschande erzeugte Kinder nicht legitimirt werden. Der Meuchelmord und die Tödtung Bluts- verwandter gilt dem Huzulen für ein überaus ruchloses Verbrechen: da- gegen wird der Todtschlag eines unruhigen bösen Menschen gebilligt und der Thäter in Schutz genommen. Ebenso wird die Rache zumeist gut- geheissen. Der Selbstmord erregt Abscheu; die Stätte desselben gilt als unrein, d. h. als Sitz des Teufels, und muss daher ausgeweiht werden. Kindesabtreibung, von einer ledigen Person bewirkt, ist nicht so strafbar, als wenn sie von einer verheirateten herbeigeführt wurde. Ebenso urtheilt man über den Kindesmord; doch ist der Glaube allgemein verbreitet, dass Kindesmörderinnen ihre Kinder im Jenseits zur Strafe essen müssten. Auch Kindesaussetzungen zufolge grosser Noth werden entschuldigt, und man nimmt ein ausgesetztes Kind gern an. Uebrigens kommt Abtreibung, Tödtung und Aussetzung von Kindern selten vor, weil sittliche Verirrungen bei den Huzulen weniger Nachtheil nach sich ziehen als anderwärts. Doch beobachtet man dabei stets den Brauch, dass das gefallene Mädchen „ein- gewickelt", d. h. ihm der Kopf mit dem Tuche, dem Abzeichen der Weiber, eingehüllt werde. Zu diesem Zwecke muss sich das ausserehelich zum ersten Male schwanger gewordene Mädchen in Begleitung ihrer Mutter oder älteren Schwester zum Priester begeben. Derselbe liest sodann ein Gebet und bedeckt den Kopf der Gefallenen mit einem Tuche, welches dann von der Begleiterin kunstgerecht um den Kopf geschlungen wird. Dieses Ein- wickeln heisst *zawywanie*. Das Mädchen darf aber niemals mehr das Kopf- tuch ablegen.

Es ist ferner bemerkenswerth, dass in Leidenschaft und Jähzorn ver- übte Verbrechen, dann aber auch Diebstahl und Mord damit entschuldigt werden, dass man dieselben Einflüsterungen des Teufels zuschreibt. Diese Entschuldigung bringt oft der Thäter selbst vor, und die Anwesenden stimmen ihm bei und sagen: „Judas (der Teufel) hat ihn beredet; der Arme ist unschuldig."

Für einen falschen Schwur wird nach dem Volksglauben der Mein- eidige oft unmittelbar nach Ablegung desselben oder nach längerer Zeit mit dem Verluste des Augenlichtes oder dem Verdorren der rechten Hand gestraft. Letztere Strafe trifft übrigens auch Jene, welche ihre Eltern schlagen oder an gebotenen Feiertagen arbeiten. Doch soll es bei den Huzulen ebenso wie bei den Rutenen des Hügellandes üblich sein, bei der Ab- legung eines falschen Schwures einen Stein unter dem Arm zu halten: die Strafe für den Meineid trifft dann den Stein. Man schwört gewöhnlich bei Gott, bei Jesus, Maria oder auch bei einzelnen Heiligen, insbesondere bei Nikolaus und dem heil. Johannes von Suczawa;[1]) auch sind noch andere Schwurformeln üblich. Der gewöhnlichste Schwur ist *Bih me*, das heisst etwa: „Bei Gott!" Andere sind: dass mich Gott strafe; ich schwöre bei Jesus Christus und der heiligen Mutter Gottes: die Mutter Gottes soll mich strafen: so möge mir der heil. Nikolaus (oder der heil. Johann von Suczawa) helfen: so soll ich leben: so soll ich Nutzen haben von meinem Vieh, meinem Hab und Gut; ich möge erblinden, wenn ich nicht die Wahrheit sage: ich soll den morgigen Tag nicht erleben; so soll ich erleben, meine Kinder zu sehen oder meine Kinder zu verheiraten, u. dgl. mehr. Der Gegner antwortet darauf gewöhnlich: „Nach der Wahrheit deines Schwures möge dir Gott helfen." Wie man sieht, arten die Schwüre zum Theil in Selbstflüche aus. Solche Flüche gehen nach dem Volksglauben stets in Erfüllung. Bei dieser Gelegenheit mögen andere Fluchformeln hier angeführt werden: Unser Herrgott soll dich schlagen; geh zum Teufel; die Gefangenschaft soll dich treffen: die Schlange soll dich beissen; der Schlag [..][2]) soll dich treffen; du sollst in des Teufels Gewalt kommen; geh zu des Teufels Grossmutter, u. dgl. mehr.

Als gemeinsames Eigenthum betrachten die Dorfbewohner die Strassen und Wege sammt dem Obste der Bäume längs derselben, die öffentlichen Brunnen, die Flüsse und Bäche sammt den Fischen in denselben, die umherliegenden Steine, das Haar- und Federwild, Schwämme und Beeren, ferner auch gefundene Bienenschwärme, wenn der Eigenthümer sie nicht zurückfordert. Ein Baum, der an der Grenze zweier Grundstücke steht, gehört in der Regel sammt seinen Früchten beiden Nachbarn. Auch Zäune werden zumeist gemeinschaftlich errichtet und erhalten.

Mündliche Käufe schliesst man symbolisch mittelst Handschlages ab: Verkäufer und Käufer reichen einander die Hand, welche dann ein Dritter gleichsam als Zeuge mittelst eines leichten Schlages trennt. In den Kaufpreis eines Pferdes ist stets der Halfter mitinbegriffen. Ein gekauftes Thier übergibt und übernimmt man aber nicht mit der blossen Hand, vielmehr wird dieselbe in Heu, Stroh oder, wenn solches nicht vorhanden ist, in ein Kleidungsstück gehüllt. Ferner ist zu merken, dass dem Käufer stets Glück zum Kaufe gewünscht wird, wobei es üblich ist, dass der Verkäufer einen Kreuzer „auf Glück" zu Boden wirft, den der Käufer aufhebt.[3]) An-

[1] Johann von Suczawa ist der Landespatron der Bukowina.

[2] In der Fluchformel hat das Volk den Ausdruck Schlag für Schlagfluss kennen gelernt und [...] Als ich aber im Unterricht eine Beschreibung der Lebensläufe eines eben von Schlagfluss getroffenen Weises [...]

[3] Aus [...] gold, was Matzer, die man von „guter Hand" erhält; dann aber auch vor Allem geschenktes Geld. Man soll solche Münzen stets sorgfältig verwahren. Bei dieser Gelegenheit [...] das verwendete Geld angeführt werden: [...] Zwanzigkreuzerstück: [...] Kreuzerstück.

derseits pflegt man freilich einige Haare vom Thiere, das man zum Ver-
kaufe führt, in dem Stalle aufzubewahren, damit das Glück nicht vom
Verkäufer zum Käufer entweiche. Nach einem Geschäftsabschlusse darf
übrigens der Kauftrunk *(mohoryez)* nicht fehlen, der gewöhnlich von beiden
Theilen bestritten wird, zuweilen auch allein vom Käufer. Dabei pflegt man
das erste Gläschen Branntwein in die Luft zu schleudern, und wenn der
Verkaufsgegenstand etwa ein Pferd war, sagt der Verkäufer: „Möge das
Pferd mit dir so fliegen wie dieser Branntwein durch die Luft." Sehr
merkwürdige Bräuche bestehen auch bezüglich der Auslieferung von ver-
kauften Viehstücken. Es gibt nämlich Tage, die übrigens mit der Gegend
wechseln, an denen überhaupt keine Viehstücke ausgefolgt, ferner auch
Käse und Butter nicht aus dem Hause gegeben werden. In Sergie herrscht
diesbezüglich folgender Brauch: Versäumt der Wirth es nicht, am Feste Mariä
Verkündigung (25. März a. St. = 6. April n. St.) einen Armen mit Brindza[1]) oder
Milch zu beschenken, so kann er an jedem beliebigen Tage ohne allen Nachtheil
das verkaufte Vieh ausfolgen; versäumt er aber jenes Geschenk, so darf er an
demjenigen Wochentage, auf den im laufenden Jahre das genannte Fest fiel,
die Viehstücke nicht aus dem Hause geben. Schliesslich mag noch mitgetheilt
werden, dass die Termine für Zahlungen von Raten, Zinsen u. dgl. stets auf
grössere Feiertage festgesetzt werden, und zwar im Frühjahre auf St. Georg
(23. April a. St. = 5. Mai n. St.) und im Herbste auf St. Demeter (26. October
a. St. = 7. November n. St.) oder Kołma (1. November a. St. = 13. Nov.
n. St.): auch die Zeit grosser Jahrmärkte dient für Terminbestimmungen.

Tauschgeschäfte sind üblich, insbesondere in Viehstücken zu Zwecken
der Zucht. Hiebei kommen auch „Daraufgaben" in Geld vor.

Gegen das Ausleihen, besonders werthvollerer Gegenstände, besteht
auf beiden Seiten eine gewisse Scheu. Zum Ausdruck gelangt dieselbe in
den Sprichwörtern: „Für ein fremdes Bastseil wirst du deinen Lederriemen
geben". und andererseits: „Gib mit den Händen, und du wirst es mit den
Füssen nicht erlangen."

Ueber die Schenkungen bei Taufen, Hochzeiten u. dgl. ist schon
oben gesprochen worden. Dieselben bestehen in beweglichem Gut, zumeist
Viehstücken. Selten sind wohl die Fälle, in denen liegende Güter an Arme
verschenkt werden. So erzählt man in Seletyn ein Histörchen, demzufolge
ein Zigeuner einen Huzulen zu bewegen wusste, ihm ein Häuschen zu
schenken, und es dann an einen Juden verkaufte.

Für gefundene Gegenstände lässt sich der Huzule zuweilen einen
Finderlohn *(perejem)* zahlen, dessen Höhe er oft nach eigenem Gutdünken
zu bestimmen sich anmasst.

Wetten kommen selten vor, etwa zwischen Bekannten bei Gelegenheit von Meinungsverschiedenheit. Preis der gewonnenen Wette ist gewöhnlich eine Quantität Branntwein. die vom Verlierenden gezahlt und dann
gemeinsam verzecht wird.

---

[1]) Gesalzener Schafkäse. Vergl. die Cap. VIII und IX.

VIII.
Lebensweise, Nahrung und Kleidung.

Die Lebensweise des Huzulen ist überaus schlicht, seine Bedürfnisse sind gering. Das Haus und dessen Einrichtung sind äussere Zeugnisse dafür.

Im Sommer steht der Huzule mit Tagesanbruch auf und begibt sich mit dem Einbruche der Nacht auch zur Ruhe, die im Verhältnisse zu seiner meist überaus schweren Arbeit sehr kurz währt. Länger schläft der Huzule wohl im Winter; denn wenn er sich auch erlaubt, beim Herdfeuer oder dem spärlichen Lichte von Holzspänen, bei einer aus Talg bereiteten Leuchte

Fig. 15 u. 16. Räuberhauptmann Jura Drahiruk aus Żabie (hingerichtet in Kolomea im Jahre 1886) und sein Weib. (Nach einer Photographie von J. Dutkiewicz in Kolomea.)

(kahanec) oder wohl schon einer schlichten Petroleumlampe[1]) einige Stunden des Abends zu verbringen, so geht er doch noch sehr früh schlafen und steht erst mit Tagesanbruch verhältnissmässig spät auf. Zur Tageszeit an einem Werktage sich dem Schlafe hinzugeben, hält jeder ordentliche Wirth für eine Sünde. Auf den Friedhöfen und auch an Orten, wo ein Mord oder Todtschlag verübt wurde, fürchtet man sich zu schlafen.

Einen bedeutenden Theil seiner Lebensbedürfnisse, insbesondere des Getreides, muss der Huzule aus dem Hügellande holen. Trotzdem fühlt er

---

[1]) Ausserdem fertigt das Volk auch Wachslichter, die aber nur bei Taufen, Beerdigungen u. dgl. verwendet, oder in der Kirche geopfert werden.

sich seinen Nachbarn überlegen; es mag dieses die Folge seiner verhältnissmässig grösseren Wohlhabenheit sein, vor Allem aber eine Nachwirkung
der früheren Verhältnisse, da der Huzule als freier Mann der Berge und
gefürchteter Freibeuter mit Verachtung auf die geknechteten Anwohner
im Vorlande sah. Wenn der Name Huzule vor einigen Jahrzehnten[1]) den
Hügelländern als Schreckwort für ihre Kinder diente, kann es uns nicht
wundernehmen, dass seine Träger auch heute noch sowohl auf ihre westlichen Anwohner, die Boiken, als auch auf die Rutenen am nordöstlichen
Fusse der Karpaten mit Verachtung herabblicken, trotzdem sie ihnen nahe
verwandt sind. Der Name der Boiken, der übrigens auch auf die Rutenen
am Prut übertragen wird, gilt unter den Huzulen als Schimpfwort; auch ist
es bemerkenswerth, dass der Huzule im Czeremoszgebiet seine Stammes-
genossen am Prut verachtet und sie ebenfalls Boiken nennt. Von sich spricht
der Huzule gewöhnlich in der Mehrzahl. Gegen Andersgläubige, selbst gegen
Juden, ist er verhältnissmässig duldsam. Es fehlt ihm nicht an Gewandtheit,
an Scharfsinn und Humor, wie dies unter Anderem die Redensarten, Sprüche
und nicht minder viele der improvisirten Lieder beweisen; auch ihre
schwankhaften Erzählungen sind oft recht gelungen.[2]) Geschmack und

---

[1]) J. Wahilewič, Huculowé (im „Časopis českého Museum" 1838), S. 481.

[2]) Als Beispiel einer solchen mag hier in Kürze der Inhalt der Geschichte vom klugen Hündchen mitgetheilt werden, welche Kolberg in Żabie aufgezeichnet und in seinem Werke Pokucie
IV, 292 ff., veröffentlicht hat. Ich wähle gerade dieses, wenn auch schon gedruckte Beispiel, weil dasselbe
wegen seiner auffallenden Aehnlichkeit mit der Erzählung vom Pfaffen vom Kahlenberg doppelt
interessant ist. Ein Mann hatte ein Hündchen und ein Schwein aufgezogen. Vor den Osterfeiertagen
schlachtete er letzteres, um sich gütlich zu thun. Als er aber schlief, frass der Hund den Braten auf.
Erzürnt darüber führte der Mann seinen Hund zum Dorfvorsteher, damit dieser ihn richte. Als dieser
sich weigerte, ging er zum Mandatar, von diesem zum Bezirksrichter, dann zum Kriminalgericht
u. s. w. bis er endlich zum Gubernium nach Lemberg kam. Die „Herren" daselbst wollten den Hund
nun auch nicht richten; sie machten aber den Huzulen auf einen kaiserlichen Erlass aufmerksam,
dass derjenige, welcher die Tochter des Kaisers zum Lachen bewegen könnte, diese selbst oder reiche
Belohnung vom Herrscher erhalten würde. Für diesen Rath und den Reisepass musste der Mann ein
Viertel dessen, was er als Lohn erhalten würde, den Herren versprechen. Ein weiteres Viertel musste
er sodann den Mautwächtern bei Wien und einen dritten Theil den kaiserlichen Grenadieren in
Aussicht stellen. Die Erzählung seiner Abenteuer bringt in der That die Prinzessin zum Lachen;
als Lohn erbittet sich der Bauer bloss vierhundert Stockschläge. Nachdem ihm dieselben zuge-
sichert worden waren, lässt er je hundert den Herren von Lemberg, den Mautwächtern und den
Grenadieren verabreichen: über die restlichen hundert Schläge erbat er sich aber zunächst nur eine
Urkunde und erwirkte sich ferner vom Kaiser die Gnade, dass er mit dessen goldenem Stabe in der
Stadt spazieren gehen dürfe. Kaum hatten aber die Juden den Spaziergänger mit dem kostbaren
Stabe erblickt, da fragten sie ihn, woher er denselben habe. Er gab ihnen zur Antwort, er hätte
beim Kaiser hundert Stücke, und sie kauften diese von ihm für ihren Rabbiner und zahlten für jeden
tausend Ducaten. Als die Juden mit dem Rabbiner in die Burg kamen, erhielten sie die hundert
Schläge; der Huzule hatte sich aber indessen mit dem Gelde davongemacht. — Diese Erzählung ist
übrigens auch bezeichnend für die hohe Meinung, welche die Huzulen von ihrer Klugheit haben.
Ganz anderer Meinung sind darüber ihre ihnen gehässigen Nachbarn, wie z. B. die rutenische Geschichte
vom dummen Huzulen bei Kolberg IV, 232 ff., beweist.

Hiezu noch eine Anekdote, die freilich nicht ganz volksthümlich sein dürfte, mir aber von
einem Rutenen erzählt wurde. Kommt ein Huzule zu einem entfernt wohnenden Nachbarn, und
findet er denselben nicht zu Hause, so soll er zum Zeichen seiner Anwesenheit vor die Thür hofiren
und darin sein Gesicht abdrücken (huzulische Visitkarte).

einen gewissen Kunstsinn kann man den Huzulen ebenfalls nicht absprechen. Leider sind sie aber wenig wahrheitsliebend und — wie schon an anderer Stelle bemerkt wurde — in ihren Rechtsanschauungen ziemlich lässig: zu

Fig. 17. Huzulengruppe aus Uścieryki. Das Weib links hat um den Kopf ein Handtuch; dasjenige rechts ein buntes Tuch. Das zwischen ihnen sitzende Mädchen hat reich gestickte Hemdärmel, während in der Regel nur eine Bordure an den Achseln üblich ist, die zumeist vom Pelz verdeckt wird; sichtbar ist dieselbe am linken Aermel des Mädchens Fig. 2 und am rechten Aermel des Weibes Fig. 3. (Nach einer Photographie von J. Dutkiewicz in Kolomea)

Würden und Einfluss gelangt, ist der Huzule zumeist stolz und hart. Wohl alle diese Eigenschaften lassen sich aus ihrem Vorleben erklären. Im Körperbau sind die Männer zumeist kräftig und stämmig; die Huzulinnen aber in der Regel niedrigen Wuchses. Die Männer tragen wallendes Kopfhaar

und keinen Bart; die Weiber verbergen ihr Haar völlig unter dem Kopftuche; die Mädchen ordnen es zwar mit vielem Geschick und Aufwand an
Zeit, aber mit wenig Geschmack. Die Farbe des Haares ist zumeist brünett
(czorniewyj), selten blond *(bilewyj)*. Ein blondes Mädchen gilt als besonders

Fig. 18. Eine alte Huzulin in Arbeitskleidung aus Dolhopole. (Nach einer Photographie von
J. Dutkiewicz in Kolomea.)

schön. Die Schönheit der Huzulinnen ist oft überschätzt worden, wie dies
schon bei einer anderen Gelegenheit bemerkt wurde.

Der Huzule isst dreimal des Tages. Die erste Mahlzeit um etwa
9 Uhr Früh heisst *obid*; die zweite zwischen 1 und 3 Uhr nachmittags
heisst *poludynok*; die dritte um 7 bis 8 Uhr abends wird endlich *weczera*
genannt. Im Allgemeinen ernährt sich das Gebirgsvolk weit besser als der

54

Bauer im Hügellande. Seine gewöhnliche Nahrung[1]) ist zwar ebenso wie die der Rutenen und Rumänen im Vorlande die *kulesza*, ein dichter Brei aus Kukuruzmehl, entsprechend der italienischen Polenta. Dazu geniesst er aber, was der Hügelländer sich selten erlaubt, gesalzenen Schafkäse

Fig. 19. Huzulen in Winterkleidung aus Hryniawa. (Nach einer Photographie von J. Dutkiewicz in Kolomea.)

(bryndzia, bryndza), ferner eine Art von saurer Kuh- oder Schafmilch *(huslenka)*[2]) oder endlich *borszcz*, das ist eine Suppe, die aus rothen Rüben, Kar-

[1]) Die folgenden Mittheilungen verdanke ich zum grössten Theile Frl. L. Kisslinger.
[2]) Es ist bezeichnend, dass der Huzule in der Sage auch seine Riesen Kulesza und Huslenka essen lässt. (Vergl. das Cap. XIV.)

toffeln und wohl auch anderem Gemüse mit oder ohne Schaf- oder Schweinefleisch bereitet wird. Zuweilen macht man diese Suppe durch Beimengung
der erwähnten Huslenka sauer. Im Uebrigen vertritt die Kulesza, besonders
bei ärmeren Huzulen, völlig das Brot *(chlib, chlibyc)*. Dieses wird in der

Fig. 20. Huzulen aus dem Suczawathale. (Nach einer Photographie von C. O. Galter in Radautz.)

Regel aus Kukuruzmehl, dem gekochte und zerstampfte Erdäpfel,[1] ferner
Gersten-, Saubohnen- oder Fisolenmehl beigemischt werden, gebacken. Häufiger
werden ungegohrene Kuchen aus Kukuruzmehl hergestellt, welche man
korsz nennt. Wenn der Brotteig schon ausgeknetet ist, wird demselben ein

---

[1] Dieses Erdäpfelbrot heisst *buryszennyk* oder *barabulennyk*.

Kreuzzeichen eingedrückt. Dem ersten Laib, der in den Ofen geschoben wird, muss ebenfalls ein Kreuzzeichen aufgedrückt und ebenso der Ofen mit demselben bezeichnet werden, damit der Teufel weiche und das Brot gelinge. Wird ein Brot im Ofen vergessen, so wird die nächste Ernte schlecht ausfallen; das betreffende Brot ist aber ein gutes Mittel gegen Fieber. Vor dem Anschneiden eines jeden Laibes sollen auf demselben mit dem Messer Kreuzzeichen gemacht werden. Ebenso wird übrigens auf der Kulesza mittelst des Löffels ein Kreuzzeichen eingedrückt. Dieses Kreuzzeichen dürfen jedoch Mädchen, die noch nicht als Pathinnen gestanden sind, nicht eindrücken.

Zu den Alltagsspeisen gehören ferner Fisolen und Saubohnen; gesäuertes Kraut, und zwar in rohem oder gekochtem Zustande, in letzterem Falle auch mit Fleisch; dann Kartoffel, Zwiebel, Knoblauch und rohe oder gesäuerte Gurken, wo dieselben noch gedeihen. Schaffleisch wird bald in frischem bald in geräuchertem Zustande genossen; in der letzteren Form heisst es *budžena*. Schweinefleisch wird frisch, gepöckelt oder in seltenen Fällen ebenfalls geräuchert verbraucht.

Zu den Festtagsspeisen der Huzulen zählt vor Allem der *balmosz* oder *banusz*, das ist eine Kulesza, die statt mit Wasser mit saurem Rahm (Schmetten) und aufgelöster Butter gekocht wird; *knyszi*, nämlich mit Brindza gefüllte Brote; ferner die *holubci*, das sind Kraut- oder Rübenblätter, die mit Kukuruzgraupen, gerösteten Zwiebeln und zuweilen auch gehacktem Fleisch oder Speck gefüllt sind; gekochte rothe Rüben, zerhackt und mit gestossenem Knoblauch gemischt; dann *pszenycia*, das ist gekochter und mit Mohn, Honig oder Zucker versetzter Weizen, eine Speise, die nur zur Weihnachtszeit genossen wird; daneben wird auch in Milch gekochter Weizen gegessen; mit Kraut gefüllte Mehltaschen *(perohy)*; dann Butter, Eierschmalz und gedörrtes Obst.

Es erübrigt nur noch, etwas über die Fastenspeisen zu sagen. Dieselben bestehen vorzüglich in ungekochtem Sauerkraut mit Zwiebeln und Hanföl; ferner mit Kukuruzgraupen schütter gekochtem Sauerkraut *(rosiunycia)*; Kulesza mit geriebenem Mohn, und endlich Stockfischen und Häringen.

Als Getränk schätzt der Huzule vor Allem den Branntwein, dem fast allgemein im Uebermass zugesprochen wird. Macht sich der Nachtheil des Zechens bemerkbar, so schwören wohl Viele in der Kirche dem Branntwein ab *(win zaczetau se)*, trinken aber dann wohl Bier oder selbst Wein. Der Thee findet ebenfalls schon unter den Huzulen Eingang; ja einzelne kochen auch schon Kaffee.

Den grössten Aufwand treibt der Huzule mit seiner Kleidung. Sie ist reich, schön und vielleicht selbst malerisch. Im Allgemeinen ist dieselbe von folgender Beschaffenheit:[1]

[1] Interessant ist der Vergleich mit der Schilderung und den zwei Abbildungen hiezu bei Haquet, Physikalisch-politische Reisen (1794 III, 17 ff., wo unter den „Gebirgsrussen" oder „wahren Pokutiern" die Huzulen zu verstehen sind. Vergl. oben S. 3, Anmerk. 4.

Die Männer tragen ein Hemd *(soroczka)* aus grober Leinwand, welches stets über die Hose fällt. Dasselbe ist in manchen Gegenden am Kragen, Brustschlitz, dann am unteren Saume und an den Rändern der Aermel mit schmalen gestickten Streifen[1]) versehen. Die Hosen sind sehr breit und bestehen im Sommer entweder ebenfalls aus grober Leinwand oder, was für den Winter ausschliesslich gilt, aus grauem, schwarzem, bei festlichen Gelegenheiten hochrothem, seltener blauem Halinatuch; leinene Hosen führen den Namen *portenyci*, solche aus Tuch werden *haczi* genannt. Oben werden dieselben mittelst eines breiten, mit Taschen versehenen Ledergürtels *(remiń)* oder eines schmalen Riemens *(remynec, bukurija)* zusammengehalten: unten fallen sie entweder breit über die Stiefeln oder sie werden an den Waden mittelst der Sandalenstricke zusammengeschnürt. Die Füsse werden in eine Art wollene Socken *(kapci)* gehüllt und stecken in Sandalen *(postiu, plur. postoły)*[2]) oder seltener in Stiefeln *(czoboty)*. Erstere werden zunächst mit schmalen Riemen *(ustuhwy)* zusammengeschnürt und dann mittelst Wollschnüren *(wołoki)* oberhalb der Knöchel an die Beine befestigt, indem oft zugleich die Hosen mitgebunden werden. Ueber dem Hemd trägt der Huzule einen kurzen Pelz ohne Aermel *(kiptar)*, der mit Pelzstreifen verbrämt, gestickt, mit buntem Leder besetzt und mit Schnüren und Lederquasten *(darmowysy)* verziert ist. Darüber legt er einen kurzen Mantel *(serdak)* aus Halinatuch an, der ebenfalls mit bunten Schnüren und Quasten *(kytci)* versehen ist. Die Farbe desselben ist gewöhnlich schwarz, braun, grau, doch auch roth, sehr selten weiss. Ein zerrissener Serdak heisst *feleha* oder *feledżena*. Im Winter, insbesondere auf Reisen und bei argem Winde und Schneefall, legt der Huzule über den Serdak noch einen langen, mit hohem Kragen versehenen Mantel, die *manta*, an. Um den Hals wird ein buntes, halbseidenes Tuch geschlungen, dessen Enden durch einen Ring gezogen werden, der dieselben zusammenhält. Ferner gehört zur Tracht des Mannes ein Hut *(krysania, kepeluch)* nach ungarischer Art und mit allerlei Zieraten *(kytci)* versehen, im Winter aber eine Mütze aus Schafpelz *(szepka, kuczma)*: dann eine aus Wolle gewirkte Tasche *(dziobnia, dziobynka, dzioblyna)* oder eine aus Leder gefertigte *(tobiuka, tuszka, torba, tarhynka)*; letztere[3]) ist oft mit Nieten, Knöpfen u. dgl. verziert; man nennt diese Zieraten *kołotylci*. Die Taschen werden mittelst eines Wollbandes oder eines breiten Lederriemens, der mit Blechstücken *(blenda)* u. dgl. geschmückt ist, über die Schultern gehängt. Sie dienen zur Aufnahme der Pfeife *(lulka, pipa)*, des Tabaks *(tiutiun)*, des Feuerstahles *(kresyło)*, des Feuersteins *(kremiń)* und des Zündschwammes *(wekełeja, hubka oder czir)*, während im Gürtel das an einer langen Kette befestigte Messer *(niszi)*, dann die Geldtasche *(moszenka oder moszenica)* und ein nadelförmiges Instrument *(protyczka)* zum Ausstieren der Pfeife verborgen werden. Nebenbei sei übrigens

---

[1]) Vergl. die Farbentafel und die Erläuterungen zu derselben.

[2]) Eine Sohleneinlage in durchgetretenen Sandalen nennt man *zastiuła*, zerrissene Sandalen *łotany*.

[3]) Siehe Fig. 21, 22.

bemerkt, dass die Huzulen auch Cigarren rauchen. Auf Reisen führt der Huzule noch einen Reisesack *(bordiuch)* über dem Rücken, der aus einem Schaf-, Ziegen- oder Rehfell besteht, das ohne aufgeschlitzt zu werden abgezogen wurde. An Werktagen führt der Huzule gewöhnlich seine Hacke mit, sonst wohl auch einen Gehstock *(palycia, kelef)* oder den Hackenstock *(toporec)*[1]; diese Stöcke sind oft mit bewunderungswürdiger Kunstfertigkeit hergestellt. Bei überaus festlichen Gelegenheiten, insbesondere zur Trauung, legt der Huzule ausser der beschriebenen Kleidung noch einen langen weissen Mantel *(gugla)* an, statt dessen aber insbesondere in der Bukowina auch die schon erwähnte *manta* verwendet wird. Ausdrücklich muss auch noch bemerkt werden, dass die beschriebene vollständige National-tracht durchaus nicht an Arbeitstagen üblich ist. An denselben trägt der

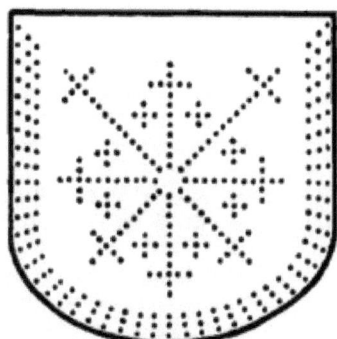

Fig. 21. Deckel einer ledernen Tasche. Die Punkte erscheinen am Gegenstand als Messing-kapseln, wie sie bei Schnürschuhen verwendet werden.

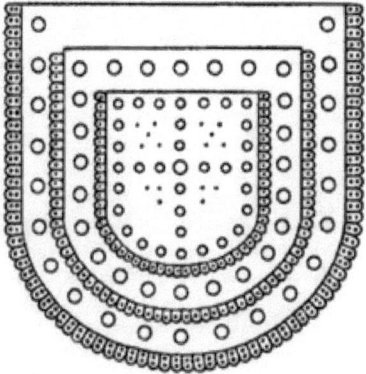

Fig. 22. Deckel einer Ledertasche. Die kreisförmigen Zeichen deuten Messingknöpfe in zwei Grössen an. Die Punkte erscheinen am Gegenstand als Messing-kapseln.

Huzule gewöhnlich ausser dem Hemde und den Hosen, dann dem Gürtel, der Kopf- und Fussbekleidung nur noch den Kiptar und wohl auch, insbesondere im Winter, den Serdak. Uebrigens ist die Kleidung des Burschen und Mannes gleich. Der Knabe trägt zumeist nur jene Stücke, die der Alltagskleidung entsprechen.

Die Frauen haben Hemden mit zumeist roth-schwarz-gelb gestickten Aermeln[1]; an Wochentagen zuweilen auch gar nicht oder nur weiss aus-genähte[2]: in manchen Gegenden sind auch die Brustschlitze gestickt. Statt des Rockes dient eine breite Schürze *(opynka)* oder zwei schmälere *(zapasky)*

---

[1] Siehe oben S. 19, Fig. 3 und weiter unten Fig. 24.
[2] Vergl. die Farbentafel und die Erläuterungen zu derselben.
[3] Weiter unten, Fig. 27, findet man die Abbildung einer solchen Weissstickerei.

aus zumeist rother Wolle mit schwarzen, gelben oder grünen Streifen. Die
Schürzen werden an der Taille mit einem langen schmalen Wollgürtel
(pojas, popruszka) befestigt: sie ersetzen den sonst üblichen Rock vollständig
und bieten überdies beim Reiten auf dem Pferde nach Mannesart besondere
Vortheile. Uebrigens sieht man manche reiche Huzulin zuweilen auch in
einem Rocke *(spidnycia)* einhergehen, wie auch ein blauer Tuchrock zum
Hochzeitsstaate des Mädchens in Żabie gehört. Auch die Frauen tragen
den kurzen Pelz, den kurzen und langen Mantel und die Tasche; ebenso
ist die Fussbekleidung dieselbe wie beim Manne. Ohrgehänge *(koutky)*,
Messingketten *(rykesky)* um die Handgelenke, endlich um den Hals kleine
Schellen *(kolotvci)* oder bunte Glasperlen von verschiedener Grösse und
Ausführung *(blıskauky, paciorky)* dienen als Schmuck: zuweilen sieht man
auch eine aus Silbermünzen gefertigte Halskette *(zgarda)*. Die Weiber tragen
um den Kopf ein gelbes, schwarzes, zumeist aber rothes Tuch, das stets gross
und bunt geblümt ist, oder auch ein weisses Handtuch. Dieses weist entweder
an beiden Enden breite, bunte Stickereien auf und heisst dann *peremitka*; oder
es ist, und zwar ebenfalls an den Enden, mit Gold- oder Silberborten
(galony) geziert und führt dann den Namen *rantuch*. Die Mädchen gehen
selbst in der strengsten Winterkälte unbedeckten Kopfes und durchflechten
ihr Haar mit rother Wolle, wozu bei Erwachsenen noch zahlreiche Messingknöpfe kommen. Ein Mädchen mit diesem Schmucke wird *diuka u bouty-
cisch* (ein Mädchen in Knöpfen) genannt, womit angedeutet wird, dass dasselbe heiratsfähig sei. Bei strenger Winterkälte tragen die Weiber, seltener
auch die Mädchen, eine Art von weissen wollenen Kniehosen *(pidkoli-
nycı, nohawyci, chołoszni)*, ferner — wie übrigens auch die Männer —
wollene Handschuhe *(rukawyci)* und ebensolche Pulswärmer *(narucznyci* oder
narakwyci). Bei besonderen Anlässen kommt wie beim Manne die Guglia
oder Manta hinzu. Uebrigens trägt natürlich auch das Weib nicht allezeit
diesen ganzen Staat, sondern nur das Hemd, die Rockschürzen und den
Gürtel, die Kopf- und Fussbekleidung, endlich den Kiptar und Serdak.
Wie der Mann trägt schliesslich auch das Weib den Stock mit, und wie
dieser spricht sie auch nicht nur dem Gläschen, sondern auch der Pfeife zu.

IX.

Beschäftigung.

Ueber die Entstehung der Stände erzählen die Huzulen folgende Sage:
Vor vielen Jahren lebten drei Brüder, gesegnet mit Hab und Gut,
aber ohne alle Beschäftigung. Sie verbrachten ihre Zeit mit Müssiggang:
schliesslich kam aber Langeweile über sie, und sie grämten sich, dass sie
keinen Beruf hätten. Eines Tages aber, als der dritte und jüngste gerade
schlief, giengen die zwei anderen zu Gott und baten ihn inständig, dass er

ihnen eine Arbeit und einen bestimmten Beruf gebe.[1]) Gott willfahrte
denn auch ihrer Bitte und befahl dem einen, fortan von seines Geistes
Arbeit sich zu ernähren und ein Herr *(pan)* zu sein: dem anderen hiess
er aber Kaufmann *(kupec)* werden. Da waren die Brüder hocherfreut,
gingen nach Hause und erzählten daselbst dem jüngsten von ihrem Glücke.
Da es nun aber auch dieser stets heiss gewünscht hatte, irgend einen
Beruf zu haben, so eilte er schnell zum Herrgott und klagte diesem sein
Ungemach. Gott aber sprach zu ihm: „Weil dir deine Brüder zuvor-
gekommen sind und das Bessere bereits erhalten haben, so wird es dein Los
sein, durch Händearbeit dein Brot zu verdienen. Mit den Handwerkzeugen
wirst du umgehen und dein Leben fristen, dafür wird dir aber einst ein
Königreich zu Theil werden." — Von diesen drei Brüdern stammen alle
Bewohner der Erde. Vom ersteren, dem *pan*, der Beamtenstand; vom
zweiten, der *kupec* geworden war, die Israeliten;[2]) vom dritten und jüngsten
endlich die *mužyky* (Landleute), zu denen auch die Gebirgsbewohner gehören.

Indem wir noch bemerken, dass der Erzähler nicht anzugeben wusste,
welches Bewandtniss es mit dem erwähnten Königreiche habe,[3]) lassen wir
eine zweite Version der Sage folgen. Dieselbe nimmt auf den ersten Stand,
der den Huzulen ohnehin ferne steht, keine Rücksicht.

Einst kamen zum Herrgott zwei Brüder und baten, er möge ihnen
einiges Geld leihen. Derselbe gab jedem eine Hundertguldennote und
knüpfte an die Gewährung dieses Darlehens die Bedingung, dass ihm die
Brüder nach einer gewissen Frist Rechenschaft über die Verwerthung des
Geldes geben sollten. Der erste der Brüder begann nun einen kleinen
Handel und brachte es mit der Zeit zu Reichthum und Ansehen, während
der andere das geliehene Geld, besorgt, es möchte ihm abhanden kommen,
in die Erde vergrub. Als die von Gott bestimmte Frist um war, schickte
sich dieser zweite Bruder an, sein Geld aus der Erde zu graben, fand aber
zu seinem grossen Schrecken nur noch geringe Reste des vermoderten
Blattes. So musste er denn mit leeren Händen zu Gott gehen, während sein
Bruder reich und glücklich ihn begleitete. Als hierauf beide dem Herrgott
alles erzählt hatten, sprach dieser Folgendes: „Du Thörichter, der du das
Geld in die Erde verscharrt hast, sollst ebenso wie deine Nachkommen in Zukunft stets in der Erde wühlen und mit deiner Hände Arbeit das Brot
verdienen. Dein Bruder aber, der das Geld so gut angewendet hat, wird
auch fernerhin reich und angesehen sein. An deinen Feiertagen wirst du
keine Ruhe haben, sondern Geschäfte mit deinem Bruder abschliessen
müssen, und deine Feste werden sich zu Märkten gestalten." — So ist es
auch geschehen. Die Nachkommen des klugen Bruders sind die Kaufleute,

---

[1]) Dasselbe Motiv kehrt in der rutenischen Sage von der Entstehung der Laus wieder. Vergl.
Kaindl und Manastyrski, Die Rutenen in der Bukowina. II, 40.

[2]) Für den Huzulen fallen die Begriffe Kaufmann und Jude völlig zusammen.

[3]) Wahrscheinlich ist an das Himmelreich zu denken.

die des anderen die Bauern. An den grossen Feiertagen der letzteren, insbesondere den Kirchweihfesten, werden aber Märkte abgehalten.[1]

Trotz der Andeutung in der letzteren Sage ist der Huzule dennoch kein Ackerbauer, denn der rauhe Boden seiner Heimat schränkt die Feldwirthschaft auf ein geringes Mass ein. Im Czeremosz- und Putillathale beträgt die Feldarea beispielsweise nur 3·6 Procent der Gesammtfläche dieser Thäler;[2] überdies ist die Fruchtbarkeit nur eine geringe. Während im Hügellande der Bukowina ein Hektar Acker einen Ertrag von 8·14 *hl* Winterkorn, 9·61 *hl* Sommergerste, 14·74 *hl* Hafer, 12·95 *hl* Mais und 80·69 *hl* Kartoffeln gewährt, betragen die betreffenden Zahlen für das Gebirge der Bukowina nur: 5·06, 6·45, 12·05, 9·05 und 59·25. Zieht man ferner den Umstand in Betracht, dass der Mais, und dies wäre die Hauptfrucht, oft durch Frost verdorben wird, dass ferner ein Theil des Culturlandes Ueberschwemmungen ausgesetzt ist, so wird es klar, weshalb der Huzule nur einen sehr spärlichen Ackerbau betreibt. Zur Bearbeitung des Feldes bedient er sich gewöhnlich des Grabscheites *(ryskal, horodnyk)* und des Rechens *(hrabli)*; Pflug *(pluch)* und Egge *(borona)* werden wohl auch hie und da gebraucht, doch sind dieselben sehr primitiv und werden von den einzelnen Wirthen selbst angefertigt. Die anderen wirthschaftlichen Geräthe sind: Harke *(sapo)*, Ladschaufel *(lopata)*, Heugabel *(wyly)*, eiserne Mistgabel *(grali)*, Sense *(kosa)*[3], Sichel *(serp)*, Dreschflegel *(cip)* und endlich die *wijaczka*, d. i. eine Holzschaufel, welche beim Reinigen des Getreides verwendet wird. Hiebei mag hervorgehoben werden, dass die huzulischen Benennungen für diese Werkzeuge fast völlig mit den bei den Rutenen gebräuchlichen übereinstimmen.

Die Hauptproducte der Feldwirthschaft sind Hafer, Gerste und Kartoffeln, in günstiger gelegenen Gebieten auch Mais. Dieser bildet nebst den Erzeugnissen der Milchwirthschaft das Hauptnahrungsmittel der Huzulen, muss aber zum grössten Theile aus dem Hügellande beschafft werden. Auch Flachs und Hanf wird gebaut; ferner Rüben, Fisolen, Bohnen, Kraut, Gurken und anderes Gemüse. Auch Blumen findet man in den Gärten; ebenso zieht der Huzule Obstbäume, ferner Stachel- und Johannisbeeren. Feld und Garten ist übrigens in der Regel in der Nähe des Hauses gelegen. Bestellt werden dieselben meist erst nach dem St. Georgsfeste (24. April a. St. = 5. Mai n. St.), der als Frühlingsanfang gilt. Für das Pflügen und Säen gelten aber folgende Regeln: Am Dienstag und Samstag darf man überhaupt nicht zu pflügen und zu säen anfangen. Säet man in der Zeit des Neumondes, so werden die Aehren leer; versetzt man Pflanzen um diese Zeit, so schiessen sie ins Kraut. Säet ein fleissiger Mann, so keimt die Saat

---

[1] Offenbar liegt in dieser Sage eine geschickte Benützung des bekannten biblischen Motives vor.

[2] Ueber das Folgende sind meine Aufsätze „Ueber die Besiedelung der Bukowina" und „Die Vertheilung der Siedelungen in der Bukowina" (Mittheilungen der k. k. geogr. Gesellschaft, Wien 1891) zu vergleichen.

[3] Zur Sense gehört noch die *kuszka*, d. i. der hölzerne Behälter für den Wetzstein *(brus)*; ferner der Dängelhammer *(klywec)* und der kleine Ambos hiezu *(babka)*.

bald auf. Wie man Feld und Garten vor dem Hagelschlag bewahren könnte, wird später erzählt werden.

√ Umfangreicher als der Feld- und Gartenbau ist die Graswirthschaft. Der Besitz der Huzulen an Wiesen ist ein sehr bedeutender. Diejenigen derselben, welche für die Heumahd bestimmt sind, werden sorgfältig von den Weiden geschieden. Auf jenen lässt der Huzule seine Viehstücke in der Regel nur bis zum St. Georgstage grasen; dann bessert er sorgfältig die Verzäunungen aus, damit Gras und Kräuter sich ungestört entfalten. Gemäht wird gewöhnlich einmal im Jahre, auf sehr ertragreichen Wiesen auch zweimal; im letzteren Falle wird das Heu *(sino)* bis etwa St. Johannes (24. Juni a. St. — 6. Juli n. St.), also bis etwa Anfangs Juli, von da bis in den September hinein das Krummet *(otawa)* gemacht. Zur Heumahd werden, wie übrigens auch zum Einernten von Früchten, die Nachbarn zur unentgeltlichen Hilfeleistung eingeladen. Das zum Trocknen auf den Wiesen liegende Gras heisst *polich*. Zum völligen Austrocknen wird dasselbe über Fichtenstämmchen *(ostrywienyci)* gehängt, die man in den Boden rammt. Hierauf wird das Heu theils unter den Heudächern untergebracht, theils auf den Wiesen in Heuschobern aufgestellt. Um die letzteren pflegt man Umzäunungen *(oplity)* herzustellen. Von den Hochwiesen wird das Heu auf dem Rücken mittels Schlingen *(petelki)* oder mit den sogenannten *kluczi* herabgetragen. Das letztere Instrument lässt sich am besten mit einem vielarmigen Anker vergleichen; es wird aus einem Fichtenbäumchen gefertigt und besteht aus einem Theile des Stammes und einer Gruppe der quirlförmig stehenden Aeste. Auf diese und um den Stamm wird das Heu gepackt und dann die ganze Vorrichtung mittels eines Strickes, der am Stamme befestigt ist, über den Rücken geworfen und herabgetragen. Hat ein Wirth sehr viel Heu auf den Hochwiesen liegen, so lässt er einen Theil desselben an Ort und Stelle im Herbste oder im Frühlinge vom Vieh verzehren.

Die Hauptbeschäftigung der Huzulen ist die Viehzucht. Die Herden bilden den wichtigsten Bestandtheil ihres Besitzes. Nach der Anzahl der Rinder, Pferde und Schafe, ferner der Ziegen und Schweine schätzen sie ihr Vermögen; auf die Ausdehnung des Grundbesitzes wird dagegen weniger Rücksicht genommen, weil derselbe von verhältnissmässig geringem Werthe ist. So wurde vor etwa fünfzehn Jahren in Gebieten, in denen der Gemeindeausschuss die Steuern repartirte, die Höhe derselben nicht nach dem Grundbesitze, sondern nach dem Viehstande bemessen. Bezeichnend ist es auch, dass in der Redensart „Dem Reichen legt auch der Hahn Eier, und der junge Stier wirft ihm ein Kalb" auf die Hausthiere Bezug genommen wird. Wer wenig oder gar kein Vieh hat, ist arm. Bettler in unserem Sinne gibt es übrigens unter den Huzulen nur in höchst geringer Zahl; man unterstützt sie gern und bemitleidet sie als von Gott Geprüfte. Aus dem jährlichen Zuwachs an Viehstücken wird gewöhnlich nur derjenige Theil verkauft, zu dessen Ernährung die zur Verfügung stehenden Wiesen und Weiden nicht hinreichen.

Die Viehzucht im Gebirge ist im Grossen und Ganzen eine Nomadenwirthschaft. Der Auftrieb auf die Almen *(połonyny)* findet im Juni statt, wenn der Schnee geschmolzen ist. Die Armen übergeben ihre Viehstücke den reichen Herdenbesitzern zur Obhut und Pflege; auch aus dem Hügellande führen viele Landleute ihnen ihre Herden zu. Die Milchwirthschaft auf den Almen wird nur von Männern betrieben. Von den grossen Schafhunden und dem Pferde begleitet, das die nöthigen Geräthe und den Sack mit Kukuruzmehl auf dem Rücken führt, zieht der Senne unter den Glückwünschen der Seinen mit den Herden auf die Hochwiesen. Der Hirtenoberst heisst *watasz, wataszko, watach* oder *wartar*; die anderen sind ihm zum Gehorsam verpflichtet und werden entweder *wiuczeri* (Schafhirten) oder *bouhari* (Ochsenhirten) genannt. Der Watasz besorgt die Milchwirthschaft und bestimmt den Wechsel der Weideplätze. Der untrennbare Begleiter des Hirten ist seine Trembita, mit deren langgezogenen Tönen er den Reisenden schon aus der Ferne zu begrüssen pflegt.

Sobald die Hirten mit ihrer Herde auf der Bergwiese angelangt sind, wird zunächst das sogenannte lebendige Feuer *(żywa watra, żywyj wohoń)* angefacht. Zu diesem Zwecke wird ein Holzstück an einem Ende mit einem Spalt versehen und in denselben ein Zündschwamm geklemmt. Durch starkes Reiben an einem anderen Holze wird dann der Schwamm zum Glühen gebracht und mittelst desselben das Feuer in der Sennhütte *(staja)* angezündet. Dasselbe darf bis zum Abtreiben der Herden nicht verlöschen; würde dieses geschehen, so sähe man darin ein böses Vorzeichen für den Besitzer der Alm. Ueber die Asche des Feuers treibt man aber die Viehstücke, um sie gegen böse Mächte und jeden Zauber zu feien. Näheres über den Kuhzauber werden wir weiter unten anzuführen haben. Hier sei noch erwähnt, dass das Vieh auch gegen bösen Blick geschützt werden muss. Man bindet zu diesem Zwecke gewöhnlich rothe Bänder um Hals und Schweif der Thiere. Ist sich aber ein Viehbesitzer oder ein Hirt bewusst, dass er einen bösen Blick habe, so ertheilt er einem seiner Hausgenossen den Auftrag, ihn insgeheim Teufel *(czorty)* oder „Hajdamaka"[1] zu schimpfen, wenn er sich dem Viehe nähere; dies soll die Wirkung des bösen Blickes aufheben. Damit das Vieh von Wölfen und Wieseln nicht geschädigt werde, müssen die Festtage, die diesen Thieren geweiht sind, genau eingehalten werden. Ein dritter Feiertag ist allen wilden Thieren geweiht. Mehr darüber bei einer späteren Gelegenheit. Besondere Gebräuche müssen ferner beim oder nach dem Kalben der Kühe beobachtet werden. An dem Tage, da die Kuh das Kalb geworfen hat, darf man nichts aus dem Hause geben; denn man würde sonst Schaden leiden. Beim ersten Melken nach dem Kalben soll man aber aus allen Zitzen durch einen Trauring melken; dann wird die Kuh stets milchreich sein. Zum selben Zwecke soll man diese erste Milch salzen und sie der Kuh in den Trank giessen. Damit aber das Kalb in Folge bösen Blickes nicht krank werde, nehme man Kohle und Hühnerdünger, binde diese mit rother Wolle in ein Leinwandstück und hänge dies

---

[1] Es ist bezeichnend, dass diese für die „Volkshelden" im Gebrauch gewesene Bezeichnung bereits im schlimmen Sinne angewendet wird. Vergl. S. 43.

Amulet dem Kalb um den Hals. Ueberdies soll demselben mittelst Knoblauchs ein Kreuzzeichen auf der Stirn gemacht werden.

In den ersten Tagen des Aufenthaltes auf den Almen findet auch das
Melken „auf Mass *(na miru)*“ statt. Jeder Viehbesitzer nämlich, der seine
Schafe oder Kühe auf die Alm zur Pflege schickt, melkt dieselben mit
eigener Hand im Beisein des Hirtenobersten, um die Menge der Milch seiner
Thiere festzustellen; im Verhältnisse zu derselben erhält er beim Abtrieb
seinen Antheil an Milchproducten. Natürlich sehen bei diesem Melken die
Hirten streng darauf, dass die Besitzer der Viehstücke' nicht etwa durch
Beimengen von Wasser grössere Quantitäten von Milch erzielen. [1] Ueber
die ihm gebührende Menge der Milchproducte erhalten die einzelnen Besitzer
Kerbhölzer *(rawaszi)*. [2] Als Ein-
heit gilt hiebei das ungesetzliche
Mass *mirtuk*, das ein Sechzehn-
tel bis ein Achtzehntel einer
berbynycia fasst, welche letztere

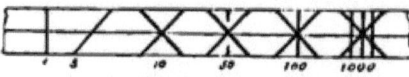

Fig. 23. Die Zahlzeichen am Kerbholz.

wieder etwa dreiundzwanzig bis fünfundzwanzig Liter enthält.

Zur Nachtzeit wird das Vieh auf den Hochwiesen in eine Umzäunung
(zahoroda) getrieben. Die Almhütten sind höchst unrein; die Geräthe, welche
bei der Milchwirthschaft angewendet werden, oft mit dickem Schmutz bedeckt; der Senne selbst in seinem verrauchten Hemde, das überdies zum
Schutze gegen das Ungeziefer in Fett getränkt ist, sieht höchst unappetitlich
aus. Die Erzeugnisse der Milchwirthschaft sind vor Allem die *bryndzia*,
urda oder *wurda*, *żentycia* und *huślenka*.

Die Brindza wird auf folgende Weise bereitet: [3] Die frischgemolkene
Schafmilch wird in ein grosses Holzgefäss *(putyna)* gegossen und durch
ein Stückchen *gleg* oder *ryndza*, d. i. die Milch aus dem Magen von
Lämmchen oder Kälbern, welche nur Muttermilch genossen haben, zum
Gähren gebracht; der Käse, welcher sich nun in dem Gefässe absetzt,
wird zu einem grossen Klumpen zusammengeballt und in ein grosses Tuch
gebracht, damit er „abrinne". Hierauf werden die Käselaibe zumeist oben
in den Sennhütten auf Brettern zum Gähren aufgestellt. Der ausgegohrene
Käse heisst *budz*. Dieser wird sodann zerbröckelt, gesalzen und in hohen,
schmalen Fässern, den schon oben genannten *berbynyci*, festgestampft. Das
ist die Brindza.

---

[1] Es soll selbst vorkommen, dass einzelne Herdenbesitzer während des Melkens durch Hinein-
pissen in den Milchkübel dessen Inhalt zu vermehren suchen.

[2] Die im Czeremoszthale geltenden Zeichen am Kerbholze ersieht man aus Fig. 23. Ich mache
hiebei, ohne zunächst irgendwelche Folgerungen ziehen zu wollen, auf die grosse Aehnlichkeit mit
den altrömischen Zahlzeichen aufmerksam, über welche Zangemeister in den Berliner Sitzungs-
berichten 1887, S. 1011 ff. zu vergleichen ist. Man sollte doch wohl auch bei der Erklärung der
römischen Zahlen sich den Umstand vor Augen halten, dass dieselben wahrscheinlich aus Kerbholz-
zeichen hervorgingen.

[3] Die genauen Mittheilungen über die Milchwirthschaft verdanke ich dem Fräulein L.
Kisslinger.

Das Käsewasser, welches von der Brindzabereitung zurückbleibt, wird sodann gekocht und daraus neuerdings ein weniger fetter Käse gewonnen. Dieser ist die obengenannte *urda* oder *wurda*.

Die *šentycia* ist das nach der Gewinnung der Urda zurückgebliebene Käsewasser. Sie wird zum grössten Theile auf den Almen zum Füttern des Borstenviehes verwendet; im warmen Zustande wird sie ferner von Lungenkranken als Heilmittel getrunken; kalt genossen erzeugt sie Durchfall.

Die *huslenka* endlich ist zuerst gekochte und dann durch Hinzufügung von etwas saurer Milch oder saurem Rahm zum Gähren gebrachte Kuh- oder Schafmilch. Sie wird in grossen Mengen bereitet, und zwar auch im Vorrath für den Winter, weil sie eines der Hauptnahrungsmittel der Huzulen ist.

Ausdrücklich mag noch bemerkt werden, dass die Huzulen ungekochte Milch nicht sauer machen und solche „saure Milch" (rut. *kišlek*) auch nicht gern geniessen. Ebenso verwenden die Huzulen keinen ungesalzenen Käse. Betreffs der Butterbereitung *(maslo, pina)*, die übrigens im Grossen nicht betrieben wird, ist zu sagen, dass dieselbe nicht mit Hilfe der bekannten Butterfässer stattfindet; vielmehr wird der saure Rahm in ein gewöhnliches Fässchen gegossen, dieses mittelst einer Schnur an der Stubendecke befestigt und sodann geschaukelt. In geringeren Mengen wird Butter auch in Flaschen oder Kännchen durch Schütteln derselben bereitet.

Am Schlusse unserer Mittheilungen über die Viehzucht der Huzulen soll noch jener kleinen, aber schönen und kräftigen Pferderasse gedacht werden, welche der Huzule züchtet und die nach ihm ihren Namen führt. Die „Huzulen" sind nicht nur im Gebirge, sondern auch im Vorlande überaus geschätzt und gesucht; zur vollen Geltung kommen sie aber doch nur in den Bergen, wo man ihre Klugheit und Geschicklichkeit zu bewundern oftmals Gelegenheit hat. Die steilsten Bergpfade trägt das gewandte Thier seinen Reiter hinan, stets mit den Vorderfüssen die einzelnen Steine auf ihre Standfestigkeit prüfend; bei wildem Sturmestosen in schrecklichen Gewitternächten schreitet es sicher und ruhig einher. Und trifft es sich, dass sein Reiter nach frohen Stunden in allzu angeheitertem Zustande heimreitet und zuweilen zu Boden fällt, so bleibt es ruhig stehen, bis die Fahrt wieder angehen kann. Das Pferd dient dem Huzulen auch als geduldiges und kräftiges Lastthier. Nebst den ihm über den Rücken gelegten Säcken trägt es zu beiden Seiten gewöhnlich noch je eines der öfter erwähnten schmalen Fässer, während sein Herr es am Leitseil führt.

Soviel über die Viehzucht und das Leben auf den Almen. Der Abtrieb des Viehes von denselben findet gegen Ende des Monates August statt, um welche Zeit auch grosse Viehmärkte stattfinden. Daheim warten Weiber und Männer gemeinschaftlich das Vieh. Ueber die Stallungen für dasselbe ist schon früher berichtet worden. Der grösste Theil der Hausthiere bleibt übrigens auch während des Winters im Freien. Schliesslich sei darauf hingewiesen, dass derjenige Theil des huzulischen Wort-schatzes, der die Viehzucht und Milchwirthschaft betrifft, hauptsächlich rumänisch ist. *Watra, bouhar, budz* u. s. w. sind aus dem Rumänischen ge-nommen; ebenso kam das oben erwähnte Wolfsfest, das die Hirten feiern müssen, sicher durch Vermittlung der Rumänen in Gebrauch.

Von den anderen Erwerbszweigen der Huzulen ist vor Allem die Waldarbeit und das Holzflössen von Bedeutung. Schon vor hundert Jahren scheint die Holzgewinnung nicht ohne Bedeutung gewesen zu sein. Seit den letzten Jahrzehnten hat dieselbe aber einen solchen Aufschwung genommen, dass sie nicht allein den Gebirgsbewohnern reichlichen Ver-dienst bietet, sondern auch noch Arbeiter aus der Fremde herbeizieht. Der Huzule beweist sich im Allgemeinen als kühner und gewandter Flösser.

Fig. 24. *Toporec*; ganz aus Holz, nur die Schneide aus Messingblech. Die halbkreisförmigen Zeichen sind eingelegte Messingstreifen, ebenso die im Zickzack verlaufenden; die schnurförmigen sind aus Messingdraht gedreht. Die Punkte erscheinen am Objecte als ins Holz eingedrückte o-Zeichen.
Etwa ¹⁄₃ der natürlichen Grösse.

Fig. 25. Hölzerner Steigbügel. Die wellen- o. halbkreisförmigen Linien, dann das Kreuzzeichen sind ein-gelegte Messingstreifen. Die Punkte erscheinen am Gegenstand als in das Holz eingedrückte o-Zeichen. Der Ring für den Riemen ist eisern.

Ist er fleissig und begleitet ihn auf seinen Fahrten, die er die Karpaten-flüsse thalwärts unternimmt, gutes Glück, so verdient er für seine Verhält-nisse nicht geringe Summen Geldes. Uebrigens mag noch bemerkt werden, dass auch Weiber zur Führung des Hinterruders der Flösse benützt werden. Zuweilen sieht man Flösser, die selbst nach dem Verlust einer Hand ihre Beschäftigung fortsetzen und alle Arbeit geschickt verrichten.

Viele Huzulen sind auch mit Handwerken vertraut. Als Zimmermann versteht der Huzule insbesondere mit seiner haarscharfen leichten Hacke vorzüglich umzugehen. Fassbinderei wird oft betrieben, und die guten und billigen Erzeugnisse derselben finden weite Verbreitung im Vorlande. Einigen Erlös werfen auch die von manchen Huzulen mit vieler Kunst-fertigkeit und Geschmack angefertigten Schnitzarbeiten ab; auf der letzten Landesausstellung in Czernowitz (1886) hatte man Gelegenheit, manches dieser überaus interessanten Erzeugnisse zu betrachten.[1]) Aber auch als Wagner, Tischler, Schmiede, Lederarbeiter u. dgl. ist der Huzule gewandt.

Das Spinnen und Weben ist dagegen bloss Sache der Frauen. Man fertigt Leinen- und Wollstoffe für Wäsche und Kleidung; ferner treffliche Wollteppiche, Wollgürtel und ebenso die wollenen Schürzen, aus denen die Nationalröcke der Frauen bestehen. Auf den Wegen sieht man oft die Mädchen und Weiber im Gehen oder Reiten spinnen und aufwickeln. Gesponnen wird auch an den Winterabenden in Spinnstuben, wo zuweilen auch der Mann sich herbeilässt, Garn aufzuwickeln. Zum Spinnen dient zumeist die Spindel *(wcrctcno)* und der Rocken *(kożiuka, kudcla)*, wohl nur selten das Spinnrad. Der Webestuhl *(warstat tkackyj)* ist sehr einfach. Zum Walken des Tuches gibt es Tuchmühlen *(stupy)*. Die üblichen Ornamente

Fig. 26. Deckel einer gedrechselten hölzernen Butterdose *(rakwa)*. Natürlicher Durchmesser 15 *cm*. Die Buchstaben, ferner die halbkreis-, S- und wellenförmigen Linien sind eingelegte Messingstreifen, die o-förmigen Zeichen sind ins Holz eingedrückt.

und Stickmuster sind zum Theil sehr schön und vererben sich von Geschlecht zu Geschlecht. „Bei ihren Stickereien wenden die Huzulinnen[2]) mehrere Sticharten an. Bei den Buntstickereien *(wnstanka)* kommt zunächst der Kreuzstich beinahe in allen Mustern vor; ferner der Stielstich, der Kettenstich und der Wasserstich[3]). In der Weissstickerei *(cerkowanic)* erscheint der

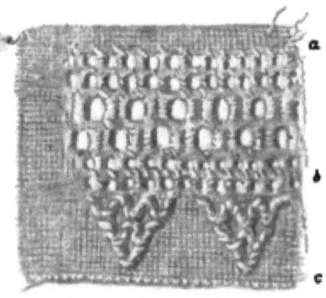

Fig. 27. Weissstickerei (Achselbordure eines Frauenhemdes); von *a* bis *b* Durchbrucharbeit, von *b* bis *c* Plattstich.

[1]) Vergl. Fig. 24—26. Ausführliches findet man über die Hausindustrie der Huzulen in dem vom städtischen Gewerbemuseum in Lemberg herausgegebenen Werke „Ornamente der Hausindustrie". Doch möchte ich bemerken, dass beispielsweise die bewunderungswürdigen Schnitzarbeiten des Jurko Szkryblak aus Jaworow, die ich oft zu sehen Gelegenheit hatte, Producte eines besonderen Genies sind, die aber sonst unter den Huzulen kaum ihresgleichen finden. Die wenigen von uns abgebildeten Ornamente kann man als allgemein typische betrachten. Vergl. noch die Abbildungen 21 und 22, und weiter unten 28 bis 30.

[2]) Auch diesen werthvollen Bericht verdanke ich dem Fräulein Ludmilla Kisslinger.

[3]) Vergl. die Farbentafel und die derselben beigegebenen Erläuterungen.

Plattstich *(kukły)* und die Durchbrucharbeit *(cerka)* [1]). Gestickt werden die
Hemdeinsätze nur auf Leinwand, und zwar von verschiedener Qualität.
Die Muster werden auf Stücken derselben angefertigt, welche ihrer Grösse
entsprechen, und die dann an der betreffenden Stelle des Hemdes eingenäht werden. Die Buntstickereien werden nur mittelst gekaufter Wolle
ausgeführt; angeschafft wird dieselbe in den Städten Kossów, Kuty, Wiżnitz
u. s. w. Zur Weissstickerei wird sehr dickes Rohgarn verwendet. Bemerkt
muss ferner werden, dass nur die Weissstickerei allgemeiner von den
Huzulinnen betrieben wird; Buntstickerei können dagegen nur wenige,
gewöhnlich nur eine oder zwei in demselben Dorfe. Man nennt sie *szwali*,
d. h. Näherinnen. Der Preis für ein Paar Einsätze für Frauenhemden beträgt
je nach dem Muster 30 kr. bis 1 fl., für jeden Fall ein im Verhältniss zur
schwierigen und in der Regel sehr genauen Arbeit ein sehr geringer Lohn."

Das Volk unterscheidet sechs Grundfarben: weiss *(bíły)*, schwarz *(czorny)*,
roth *(czerleny, czerwony)*, blau *(hołube)*, gelb *(żouty)* und grün *(zeleny)*. Für
braun sagt dagegen der Huzule schwärzlich *(czorny, czorniewy)*, für violett
setzt er bläulich *(hołuby, hołubeńky)*, rosa nennt er röthlich *(czerleny, czer-
leneńky)*; endlich für blond das schon bei einer früheren Gelegenheit erwähnte *bilewy*, das eigentlich weisslich heisst. Die wichtigsten Farbstoffe
werden auf folgende Weise bereitet: die schwarze Farbe aus Erlenrinde
(dubyło) und Kupfervitriolwasser *(koperwas)* oder aus Eichenrinde; rothe
Farbe aus Zwetschkenbaumrinde und ebenfalls Kupfervitriol; blaue aus
Blaustein *(pohanyj kamiń)*; gelbe durch Weichen der Rinde des süssen
Apfelbaumes mit Alaun *(hreceło)* in Branntwein; grüne endlich aus der
Rinde vom sauren Apfelbaum.

Einigen Gewinn erzielen schliesslich die Huzulen aus der Fischerei
und Jagd. Doch ist der Fischreichthum, insbesondere an den sehr gesuchten
Forellen, [2]) erschöpft, und ebenso ist die Jagd eine sehr beschränkte.
Uebrigens verkauft der Huzule oft schon im Vorhinein dem jüdischen
Händler die Beute, welche er zu machen hofft, natürlich um einen sehr
geringen Preis, oder er vertauscht sie gegen Pulver und Blei. Bei der
Bärenjagd bedient sich der Huzule ausser einem einfachen Feuergewehr
seiner leichten, aber haarscharfen Hacke. Auch Fallen werden den Bären
gelegt, und im Ersinnen von Schlingen und Netzen für Gethier und Vögel
leisten die huzulischen Jäger ganz Hervorragendes. Vor einem entscheidenden
Schusse sieht man sie oft ein Kreuzzeichen über die Mündung des Laufes
schlagen, wie auch das Weihen von Kugeln, insbesondere der für die
Bärenjagd bestimmten, üblich ist. Von einer bereits abgemessenen Schrot-
ladung dürfen keine Körner verloren gehen; denn es fehlen dann dem
Schusse gerade diejenigen, welche treffen würden. Um das Wild anzulocken,
pflegt der Huzule in einem Kämmerchen des Gewehrkolbens ein Stück

---

[1]. Vergl. die Fig. 27.

[2]) Beim Fangen derselben bedient sich der Huzule zumeist der Gabel *(osty)*; sonst wird das
Netz *(sak)* und der Fischkorb *(szczeło)* in Anwendung gebracht, in jüngster Zeit leider auch das verderbliche Dynamit.

von einer Schlange mit sich zu führen.[1]) Die Schonzeit zu beobachten, halten sie sich nicht für verpflichtet; alles Wild gilt ihnen als gemeinsames Eigenthum und daher sind viele von ihnen Freischützen.[2])

Bemerkt sei noch, dass man dem Huzulen höchst selten im Vorlande als Hausirer begegnet, ganz im Gegensatze zu den Bewohnern der westlichen Karpaten, die bekanntlich mit ihrem Kram oder als Drahtbinder weithin ins Hügelland wandern.

X.
Religiöse Anschauungen und Festkalender.

In einem vor wenigen Jahren erschienenen Buche[3]) lesen wir Folgendes:

„Selbst Europa ist nicht frei von religionslosen Stämmen. Die letzte Reise des Kaisers von Oesterreich durch seine Länder führte ihn, wie die Zeitungen berichteten, nach der Stadt Kolomea in Galizien (1880), in deren Nähe ein herrlich gebauter Menschenschlag, die Huzulen, wohnt. Obgleich dieselben sehr gut geartete Menschen sind, kennen sie kaum eine Religion: und im Umkreise vieler Stunden ist keine Kirche zu sehen. Nur einmal im Jahre reitet der Pope, den sie kaum kennen, durch die Dörfer und tauft die neugeborenen Kinder. Dennoch leben diese Leute friedlich und sittlich, sterben ohne die Tröstungen der Kirche und kommen, wenn es einen solchen gibt, ebensowohl in den Himmel wie diejenigen, welche viermal im Jahre zur Beichte gehen."

Diese Darstellung zählt mit zu jenen vielen überspannten Berichten über die Huzulen, welche noch immer gang und gäbe sind. Wahr ist es aber, dass noch vor etwa sechs Jahren ein Geistlicher aus Stebny die Mittheilung machen konnte, es hätten die alten Leute, als er vor kurzer Zeit auf seinen Posten gekommen war, die vorgeschriebenen Gebete nicht gekannt. Auch ist es richtig, dass unter den Huzulen die Zahl der heidnischen Bräuche und insbesondere die Reihe der erhaltenen heidnischen Festtage noch eine ziemlich grosse ist. Man wird auch nicht leugnen dürfen, dass diese Gebirgsbewohner mit vielen kirchlichen Lehren auf gespanntem Fusse stehen. Trotz alledem besucht aber der Huzule die ziemlich zahlreichen Kirchen, soweit es die Besiedelungsverhältnisse seiner Heimat erlauben, recht fleissig und legt auf kirchlichen Pomp viel Gewicht. Auf Strassen, Feldern und in Gärten sieht man oft Kreuze aufgestellt, und Kapellen mit

[1]) Ich besitze ein im Czeremoszthale erstandenes, mächtiges Gewehr mit Feuersteinschloss, das ebenfalls die erwähnte Kammer im rückwärtigen Theile des Schaftes aufweist.

[2]) Vor einigen Jahren traf ich auf der Jagd mit einem Huzulen zusammen: als wir auf den Dorfweg kamen, zerlegte er sein Gewehr, barg Lauf und Kolben in einen Sack und zog ganz unschuldig seines Weges weiter.

[3]) Büchner, Kraft und Stoff, 16. Aufl. 1888, S. 389 f. Wäre es nicht gedruckt, man könnte es kaum glauben, dass jemand über die Verhältnisse in einem wohlgeordneten Staate derartige Begriffe hat!

roh geschnitzten Heiligenbildern und Opferstöcken sind eben auch nicht
selten. Kurz, wer im Huzulengau Umschau hält, wird wohl sofort merken,
er sei unter Christen, wie denn auch der Huzule, nach seiner Nationalität
befragt, oft antwortet: *ja chrestianyn*, d. h. ich bin ein Christ.
Gott Vater stellt sich das Volk, natürlich beeinflusst von den Bildern
in den Kirchen, mit dem Glorienscheine über dem Kopfe auf einem
goldenen Throne sitzend vor. Ihm zur Rechten steht Jesus Christus; zur
Linken aber die heilige Maria. Gott Vater nennt das Volk den Schöpfer,
den Allgütigen, Allwissenden, Barmherzigen, Höchstgerechten, den himmlischen Vater oder himmlischen Herrscher, den gnädigen Gott. Von dem
Grabe Jesus erzählen die Huzulen, dass die Wächter an demselben ewig
leben. Zur Zeit des Neumondes seien sie jung, zur Zeit des Vollmondes
aber alt, und wenn einer von ihnen gefragt wird: „Wann bist du gekommen?" so antwortet er: „Gestern"; und auf die Frage: „Wann gehst du?"
lautet die Antwort: „Morgen." Andere Worte als diese sprechen aber die
Wächter nicht. Von der heiligen Maria heisst es, dass die Spinnen in der Luft
sie mit ihrem Gewebe umstricken, daher müsse man diese Insecten tödten.
Der Apostel Petrus wird in der Sintfluthsage genannt und ebenso in der
Mythe von der Baba Jeudocha, die wir weiter unten kennen lernen werden.
Von den Heiligen verehrt das Volk vorzüglich folgende: Den heiligen Niko-
laus, Johannes den Täufer, den Landespatron der Bukowina Johannes von
Suczawa, ferner die Heiligen Basil, Demeter, Michael und Elias. Heiligen-
bilder pflegt das Volk im Herbste zu kaufen und sie zunächst in der
Kirche aufzustellen. Erst nachdem sie daselbst mehrere Monate gestanden
sind, werden sie in die Wohnungen getragen.

Die Huzulen der Bukowina bekennen sich zur griechisch-orientalischen
(nichtunirten), diejenigen in Galizien zur griechisch-katholischen (unirten)
Kirche. Doch wenn die Huzulen auch sonst, zum Theil wohl aus Glaubens-
lässigkeit überhaupt, sehr duldsam sind und selbst den Uebertritt zu einer
anderen christlichen Kirche nicht tadeln, weil Gott dort ebenso verehrt
würde, so betrachten sie insbesondere die beiden Kirchen, denen sie angehören, als sehr nahe verwandt. Ehen und Gevatterschaften zwischen Angehörigen dieser beiden Bekenntnisse kommen daher sehr häufig vor. Am
meisten stossen sich die Huzulen an den Evangelischen; sie werfen ihnen vorzüglich vor, dass sie keine Fasten beobachten. Den Juden wird es übel genommen, dass sie bedeckten Hauptes Gott anbeten. Des Verhältnisses derselben
zu den Huzulen ist schon an früherer Stelle als eines ziemlich verträglichen
gedacht worden: es mag an das Adoptionsverhältniss zwischen Huzulen und
Juden erinnert werden. Etwas unglaubwürdig erscheint unter diesen Umständen ein Bericht, dass die Huzulen den geschlechtlichen Verkehr mit
Juden als eine sehr grosse Sünde ansehen sollen. Wo sich ein Gegensatz
zwischen beiden Bevölkerungselementen zeigt, ist stets Uebervor-
theilung des *mužyk* durch den *kupec*[1]) im Spiele.

---

[1]) Vergl. S. 69.

Das Verhältniss der Huzulen zu ihren Priestern ist ein sehr verschiedenes. Weiss der Priester sich Achtung zu verschaffen, so geniesst er allgemeine Verehrung, und dann ist die Redensart des Huzulen: „Ich benöthige nur Gott, den Kaiser und Sie, geistlicher Herr" wohl keine leere Schmeichelei. Wenn aber das Volk den Priester als Väterchen *(bat ko)*, Wohlthäterlein *(dobrodijko)*, geistlichen Vater *(otec duchownyj)*, Väterchen *(otczyk)*, erleuchtetes oder erhabenes Väterchen *(jatko swityj)*, heil. Vater *(swityj otec)*, Herr Vater *(pan otec)* und Geweihter *(swjaszczenyk)* anredet, dagegen in seiner Abwesenheit in etwas verächtlicher Weise vom *pip* (Popen) spricht, so verräth dieses zumindestens Missstimmung. Dieselbe nimmt mitunter sehr Aerger erregende Formen an; erzeugt wird sie aber hauptsächlich dadurch, dass die Geistlichen laut kirchlicher Vorschriften für die verschiedenen Functionen gewisse Beträge einzuheben haben, wobei nicht jeder derselben das richtige Mass einzuhalten scheint. Der weit verbreitete Aberglaube, dass das Begegnen eines Priesters auf einem Geschäftsgange Unglück bringe, ist auch bei den Huzulen vorhanden, und man sucht die schlimmen Folgen durch Nachwerfen eines Steinchens oder einiger Strohhalme zu beheben. Erwähnenswerth ist wohl auch der Volksglaube, dass man seinen Feinden argen Schaden dadurch zufügen könne, wenn man dem Priester mit den anderen ihm überbrachten Opfern auch insgeheim ein Stück Salz überreicht.

Wie sehr neben christlichen Anschauungen noch immer heidnische Bräuche bei den Huzulen verbreitet sind, leuchtet aus zahlreichen früheren Bemerkungen zur Genüge hervor. Am deutlichsten wird dies aber aus dem folgenden Festkalender der Huzulen sich ergeben. Bei der Durchsicht desselben wird man übrigens auch erkennen, dass die meisten der Festbräuche und Aberglauben, die gegenwärtig auf verschiedene christliche Feste vertheilt sind, einst an die Feier der Tag- und Nachtgleichen und an die der Sonnenwenden geknüpft waren.

Wir beginnen mit dem Weihnachtsfest *(rizdwo, swietky)*. Demselben geht ein strenges Fasten *(pelepiuka)*[1]) voran, das vom 15. November a. St. bis zum heiligen Abend *(swiet weczer*, 24. December a. St. — 5. Januar n. St.) währt. An demselben wird mittelst Reibens zweier Hölzer ebenso wie in den Sennhütten das lebendige Feuer angefacht, und dieses wird bis zum heiligen Dreikönigstage ohne Unterbrechung unterhalten. An dem lebendigen Feuer darf keine Tabakspfeife angezündet werden. Unter den Weihnachtsspeisen fehlt nie gekochter Weizen *(pszenycia)*. Am Weihnachtsabend darf man diesen Brei nicht mit Mohn essen, sondern nur mit Honig, sonst gibt es im nächsten Jahre viele Flöhe. Tritt am heiligen Abend zuerst ein Mann ins Haus, so werden dem Wirthe im folgenden Jahre zumeist männliche Thiere geboren werden: kommt aber zuerst ein Weib, so wird die Zahl der weiblichen überwiegen. Ferner ist es üblich, seinen Nachbarn eine Schüssel, gefüllt mit einer Weihnachtsspeise, Getreide u. dgl. zu

---

[1]) So genannt nach dem Apostel Philipp, dessen Tag der letzte vor dem Fastenanfang ist.

überbringen und von diesen in ähnlicher Weise beschenkt zu werden. Von Haus zu Haus ziehen aber die Weihnachtssänger *(kolednyki)*, tragen ihre Lieder *(kolada)* vor und werden von den Wirthen beschenkt. Da ihnen auch Getreide u. dgl. als Gabe überreicht wird, so trägt einer der Sänger in der Regel einen grossen Sack mit. Ein anderer führt ein Alpenhorn, mit dessen Tönen die Lieder begleitet werden. Zuweilen werden für die einzelnen Hausgenossen besondere Lieder gesungen, indem zugleich die Sänger mittheilen, wem das Lied gewidmet sei. Eine Koliada ist oft sehr lang, und es werden in diesen Liedern die verschiedenartigsten Stoffe zumeist zusammenhanglos besungen. Als Beispiel möge hier das erste Lied aus einem ganzen Cyklus, der in Ploska vorgetragen zu werden pflegt, mitgetheilt werden. [1]

„Wir kamen an diesem Tage zum heiligen Abend; hei, gebe Gott!
Wir kamen zu Euch, Ihr nahmet uns auf; hei, gebe Gott!
Hei, es ackert das Pflügchen bei den Fichtchen, St. Paul leitet die Oechslein.
Das göttliche Georgchen schreitet hinter dem Pfluge einher.
Die allerreinste Jungfrau trägt ihnen Essen.
Trägt ihnen Essen und bittet sie inständig:
Ackere, Söhnlein, fein um das Feldlein.
Wir werden säen Sommerweizen und Wicke,
Dann sammeln wir Mäher, siebenhundert Jünglinge.
Und als Binderinnen siebenhundert Mädchen.
Wir werden sammeln und auf drei Wagen sie (die Früchte) führen.
Auf drei Wagen führen wir sie und laden sie ab unter dem Schutzdach.
Laden sie ab unter dem Schutzdach und in ein rundes Schöberlein.
In ein rundes Schöberlein, spitz wie ein Hörnlein.
Kehren wir nun um mit dem grauen Falken.
Mit dem grauen Falken und dem göttlichen Georg.
Selbst sitzt der Falke, weit sieht er.
So weit, bis auf das breite Feld,
Bis auf das weite Feld, bis auf das blaue Meer.
Auf dem blauen Meer schwimmt ein Schiff.
Und in dem Schiffe sind Tische aus Eibenholz.
Tische aus Eibenholz; traun! und auch diese Häuser.
Diese Höfe und auch diese Wirthe.
Welche uns in ihre Hütte aufnahmen,
In ihre Hütte, damit wir singen;
Wir konnten aber nicht (schön) singen.
Und bitten daher, verzeihet uns gütigst!
Wir wünschen Euch Glück und Gesundheit,
Glück und Gesundheit, Herr Georg. [2]
Glück und Gesundheit Euerer Hausfrau.
Glück und Gesundheit Eueren Kindlein.
Glück und Gesundheit in Euerem Hause.
Glück und Gesundheit auch dem ganzen Gehöfte.

[1] Den Urtext dieser Lieder hat Kozarisczak in der rutenischen Zeitschrift „Nauka", Wien 1890, S. 219 ff. veröffentlicht. Ich wählte das erste dieser bereits gedruckten Lieder zur Mittheilung, um nicht auch den huzulischen Text hier aufnehmen zu müssen. Noch sei bemerkt, dass jede Versezeile der Weihnachtslieder mit dem Ausrufe *hej, daj Bože!* (hei, gebe Gott!) endigt.

[2] Hier wird der Name des Wirthes genannt, bei dem gesungen wird.

Glück und Gesundheit für das Gesindlein,
Glück und Gesundheit für die Hausthierchen,
Für die Hausthierchen, für die Rinder,
Für die Rinder und das Kleinvieh."

Von den Weihnachtsspeisen legt man einiges in die Fenster nieder für die Seelen der Verstorbenen. Dieselben finden sich nämlich um Mitternacht ein, um davon zu geniessen. Am Weihnachtsabende wird auch der Hagel beschworen, damit man vor demselben das ganze Jahr hindurch verschont bleibe. Ferner sprechen in dieser Nacht nach der Volksüberlieferung der Huzulen des Suczawathales die Hausthiere; doch darf man sie nicht belauschen, weil man sonst sterben müsste. Schliesslich sei noch bemerkt, dass man in der Zeit vom Weihnachtsfeste bis zum Dreikönigstage das Mehlsieb nicht in der Stube, sondern nur in der Kammer aufbewahren darf, weil man im nächsten Jahre im Zimmer sonst viele Fliegen hätte.[1]

Der Tag des heiligen Basil *(dhcna św. Wasyla)* fällt mit dem bürgerlichen Neujahr a. St. zusammen. Für die Huzulen hat aber der 1. Januar nicht die Bedeutung eines Jahresanfangs, weil ihr Kirchenjahr mit dem September, ihr „ländliches" Jahr aber mit dem Monate Mai beginnt. Daher hört man auch die Bezeichnung *nowyj rik*, d. h. Neujahr, für den 1. Januar unter den Huzulen selten, vielmehr wird dieser Tag nach seinem Heiligen genannt. Wie nach dem Volksglauben im Suczawathale die Thiere in der Weihnacht sprechen, so glaubt der Huzule im Czeremoszthale, dass seine Hausthiere in der Nacht vor dem Wasylfeste mit der Sprache begabt seien. Auch ziehen an diesem Feste wie zu Weihnachten die Sänger umher. Ferner werden an diesem Festtage allerlei Versuche angestellt, um Künftiges zu erforschen.

Um zunächst zu erfahren, welche Früchte im nächsten Jahre am reichlichsten gedeihen würden, werden von jeder Fruchtgattung in einem Kreise kleine Häufchen aufgeschüttet. Dann verbrennt man ein Stück Buchenholz zu Kohle und legt auf jedes Häufchen ein glühendes Stück derselben. Nach dem Grade des Verbrennungsprocesses wird das Gedeihen geweissagt, so zwar, dass die völlig verbrannte Frucht am besten, die am wenigsten vom Feuer verzehrte am misslichsten gerathen würde.

Ferner wird am Wasyltage ein Orakel ins Werk gesetzt, um zu erforschen, wer übers Jahr an diesem Feste noch leben und wer bis dahin mit dem Tode abgehen werde. Man füllt zu diesem Zwecke eine Schüssel mit Asche und zieht durch diese eine breite, tiefe Furche. Rechts und links von derselben werden zwei Späne hineingesteckt, von denen der eine den Pfarrer, der andere den Kirchensänger versinnbildet. Ebenso wird für jede anwesende Person zu einer Seite der Furche, die gleichsam das Grab vorstellt, ein Span in die Asche gestossen. Diese Hölzchen werden sodann

---

[1] Ueber die entsprechenden Bräuche während der „Zwölften" bei den Rutenen vergl. „Die Rutenen in der Bukowina", II, 9 f. u. 15 f. und Kaindl „Galizisch-rutenische Weihnachtsbräuche" in „Am Urquell", III., Heft 1.

angezündet, und man achtet darauf, wohin die Asche der verglimmenden Kohlen fällt. Sinkt sie in die Furche, so stirbt die betreffende Person bis „zum nächsten Wasyl"; fällt sie seitwärts von der Furche, so bleibt der Mensch am Leben.

Um sich endlich über das Wetter des folgenden Sommers zu belehren, dient folgendes Mittel: man stellt mehrere Zwiebelstücke, welche die Monate versinnbilden, in eine Reihe auf ein Brett und salzt dieselben. In Folge des Salzes sammelt sich in den einzelnen Schalen Saft an. Aus der Menge desselben schliesst man auf den Regenfall in den Monaten, welche von den Schalen dargestellt werden.

Auf den 6. Januar a. St., d. i. den 18. n. St., fällt das unserem Dreikönigstage entsprechende *widorszczi*. Der Abend vor diesem Feste wird der zweite heilige Abend *(druhyj świet weczer)* genannt und ebenso gefeiert, wie der Abend vor dem Weihnachtsfeste. An dem Festtage selbst findet aber die grosse Wasserweihe statt. In feierlicher Procession zieht nämlich der Priester mit den Gläubigen zum nächsten Flusse oder Bache und weiht das Wasser. In Folge dessen ist das Wasser für die nächsten vierzehn Tage geheiligt und darf daher zum Waschen der Wäsche nicht benützt werden. Kehrt aber der Priester nach der Wasserweihe zur Kirche zurück, so drängen sich die heiratslustigen Mädchen in seine Nähe, um von ihm mit geweihtem Wasser besprengt zu werden und seinen Ornat zu berühren. Welchem Mädchen dies gelingt, das heiratet im nächsten Jahre. Am Widorszczi pflegt ferner der Priester auch von Gehöft zu Gehöft zu gehen und dieselben zu weihen. Dafür erhält er in jedem Hause in der Regel eine Schüssel voll Kukuruzkörner und einen Strang Hanf- oder Flachsfäden.

In der viert- und drittletzten Woche des Faschings *(puszczynie)* darf weder gesponnen noch gewebt werden, denn sonst bilden sich Würmer in Milch, Butter, Käse und Brot. In die drittletzte Woche fällt der Höhepunkt des Faschings; in derselben geniesst der Huzule auch an den Wochenfasttagen (Mittwoch und Freitag) Fleisch; daher heisst diese Woche *zahalnyj tyżdeń* oder *zahałnycia*, d. h. Woche, in der Alles gegessen werden darf[1], oder auch *perestupnyj tyżdeń*, d. h. Uebergangswoche. In der zweitletzten Woche ist der Fleischgenuss an den Wochenfasttagen nicht mehr gestattet, und deshalb wird diese Woche die „trockene" *(suchyj tyżdeń)* genannt. In der letzten Woche des Faschings endlich wird ausser Fischen und Eiern vorzüglich nur noch Milch, Butter und Käse genossen; diese Woche führt daher den Namen „weisse Woche" *(biłyj tyżdeń)*; gegenüber der folgenden Fastenzeit aber, in welcher auch keine Milch genossen wird, heisst dieselbe immerhin noch die „fette" *(masnycia)*. Mit dem siebenten Montag vor Ostern beginnt das grosse Fasten, in dem die Speisen nur mit Oel zubereitet werden dürfen und nur an zwei Tagen, nämlich am Feste Mariä Verkündigung und am Palmsonntag, Fischspeisen gestattet sind. In der letzten

[1] Von za *halom* == alles zusammen.

Woche des Fastens, also in der Woche vor Ostern, darf nicht gesponnen werden.

In die Zeit des Faschings fällt das Fest Christi Darstellung *(stritenie:* 2. Februar a. St. = 14. Februar n. St). Wenn es an diesem Tage thaut, so ist einerseits ein honigreiches Jahr zu erwarten, andererseits wird aber der Frühling spät eintreten. Ist dieser Festtag nämlich heiter und sonnig, so kommt der Bär aus seiner Höhle *(duplo)* hervor, aber nur, um dieselbe desto besser zu verwahren. Ist es aber kalt, dann bleibt der Bär in der Höhle; es tritt aber dafür um so früher die milde Jahreszeit ein.

Wie das Wetter am Tage Mariä Verkündigung *(blahowiszczenie:* 25. März a. St. = 6. April n. St.), so wird es auch am Ostersonntag sein. Ein Ei, welches die Henne an diesem Tage legt, soll nicht zum Brüten genommen werden, weil das Hühnchen krüppelhaft sein würde. Dasselbe gilt von Eiern, die am Ostersonntag gelegt werden. Hat aber am Feste Mariä Verkündigung eine schwarze Henne überhaupt ihr erstes Ei gelegt, so kann man aus demselben sich einen dienstbaren Teufel ausbrüten.

Am Palmsonntag *(beczkowa negila)* werden Weidenkätzchen in der Kirche geweiht. Ueber den Ursprung dieser Sitte theilte ein Huzule folgenden Bericht mit, der hier Platz finden mag, um mit der biblischen Ueberlieferung verglichen zu werden.[1] Einst näherte sich Christus einem Dorfe. Die Bewohner desselben hatten hievon Kunde erhalten und bereiteten ihm einen feierlichen Empfang vor. Sie breiteten Teppiche auf die Wege und standen längs derselben, um den Gottessohn von Angesicht zu Angesicht zu schauen. Auch ein Ungläubiger, der sich bisher seinen Lehren verschlossen hatte, war gekommen, um den Heiland zu sehen. Da er sich aber vor den Gläubigen fürchtete, so stieg er auf einen Baum, in dessen Zweigen er sich verbarg. Bald darauf kam Jesus, sprach mit Allen leutselig, zeichnete hiebei aber mehr die Armen als die Reichen aus, vor Allem aber that er freundlich gegen die Kinder, deren jedes von dem Baume, auf dem der Ungläubige sass, sich ein Zweiglein gebrochen hatte. Durch einen Zufall wurde man aber des Ungläubigen, der am Baume sass, gewahr und forderte seinen Tod. Jesus beruhigte jedoch die Menge, rief den zitternden Mann vom Baume und tröstete ihn so mild, dass dieser, von der Barmherzigkeit des Heilands gewonnen, sich zu dessen Glauben bekehrte. Dieses Vorgehen rief unter den Gläubigen eine grosse Entrüstung hervor, besonders als Jesus auch bei einem Armen einkehrte, während doch die Reichen grosse Vorbereitungen getroffen hatten. So kam es zu einer Spaltung in der Kirche.[2] Weil aber Jesus sich damals den Kindern, welche

---

[1] Die Verwendung biblischer Motive (vergl. oben S. 69) ist noch ziemlich unschuldig. Aber mir selbst passirte es, dass Stephan Duczek in Seletin, als ich ihn um Mittheilung einer Sage bat, sich zunächst damit entschuldigen wollte, er hätte nicht seine Bücher zur Hand und mir schliesslich mit einer verballhornten Richard Löwenherzgeschichte aufwartete' Dies hatte zur Folge, dass er mich einmal und nicht mehr an seinem Herdfeuer sah.

[2] Herr H. Schärf, dem ich diesen Bericht verdanke, gibt nicht an, welche Kirchenspaltung gemeint sei. Es liegt aber nahe, an die Trennung der katholischen und orientalischen Kirche zu denken.

die Zweige trugen, so huldvoll gezeigt hatte, habe sich die Sitte, am Palmsonntag Zweige zu weihen, bis auf den heutigen Tag erhalten.

Am Morgen des Chardonnerstags *(ćunyj* oder *ivelekyj czetwer)* facht man auf den Anhöhen in der Nähe der Häuser Feuer an. Man nennt diesen Brauch „den Alten verbrennen" *(gida pałyty)* oder „den Judas (d. h. den Teufel) verbrennen" *(Judasa pałyty)*. Eine dritte, unerklärte Bezeichnung für diese Sitte ist *kchełała (!) pałyty*. In manchen Gegenden zündet man auch am Herde ein Feuer an und stellt neben dasselbe ein mit Wasser gefülltes Töpfchen und einen Laib Brot. Diese Sitte führt die Bezeichnung „das Alterchen wärmt sich" *(gidek se hrijeł)*. Zu Ostern dürfen in keinem Hause die *ḟaska*, ein grosses Weizenbrot, und bunte, oft sehr schön ornamentirte Eier *(pesankyj*[1] fehlen. Die Osterspeisen werden am Ostersonntag Früh bei der Kirche geweiht. Hoch zu Ross reitet man dann mit denselben heim: wer am schnellsten zu Hause anlangt, hat das Jahr hindurch stets Ueberfluss in der Kammer. Am Ostersonntag läuten auch, wie das Volk erzählt, die Glocken jener Klosterkirche, welche einst an der Grenze der Gemeinden Ploska und Sergie an der Stelle stand, wo der Lostunbach in die Putyliuka fällt. Die Mönche hätten ein unsittliches Leben geführt, daher wäre das Kloster aufgehoben und die Kirche abgetragen worden. Die Glocken derselben ertönen aber alljährlich am Ostersonntag, wenn sie auch unsichtbar sind. Der Osterspiele ist schon an früherer Stelle gedacht worden. Fünfundzwanzig Tage nach dem Ostersonntag aber, also stets am Mittwoch der vierten Woche nach Ostern, wird das Rachmanen-Osterfest *(rachmański welekdyń)* gefeiert. Die Rachmanen[2] wohnen weit unten am Ende der Flüsse und sind durch ihre Tugenden ein Muster für die Menschen. Ihnen senden die Huzulen auf den Bächen und Flüssen die Schalen geweihter Eier, „denn das Ei würde nicht zum Rachmanen kommen, die Schale gelangt aber hin". Nach anderer Meinung sind die Rachmanen Zwerge, die am fernen Meeresgestade wohnen und so klein sind, dass zwölf derselben in einem Backofen dreschen könnten. Dieselben wussten aber

gehören doch die nach huzulischem Begriffe „Vornehmen" (Beamte) wenigstens zum grossen Theil zur ersteren, die „Armen" aber zur letzteren Confession.

[1] Vergl. Fig. 28—30. Siehe auch Kaindl und Manastyrski, Die Rutenen in der Bukowina II, 21. Die Huzulen fertigen nur unornamentirte Eier; einfärbige sind nicht üblich. Das Färben der Eier geschieht durch Eintauchen in die Farbenlösungen; das Verfahren beim Herstellen des Ornamentes besteht darin, dass man alle jene Stellen des Eies, welche von der Farbe, in die gerade das Ei gebracht wird, nicht angegriffen werden sollen, mit Wachs bedeckt. Das Herstellen der Pesanky ist somit eine schwierige Arbeit und erfordert viele Uebung; es verfertigt daher auch nicht etwa jede Hausmutter dieselben, vielmehr gibt es einzelne Frauen im Dorfe, die das Eierfärben im Grossen betreiben.

[2] Die Rachmanen versetzt die Ueberlieferung übereinstimmend fern nach dem Südosten; von dort muss also der Cultus derselben herstammen. Mein Freund Dr. W. Hein macht mich aufmerksam, dass *rachmán* arab. „barmherzig" bedeute, was mit der Schilderung des Wesens der Rachmanen in den Sagen übereinstimmt. Dieselben sind übrigens nicht nur bei den Huzulen, sondern auch bei den Rutenen in Galizien und in der Bukowina, ferner auch bei den Rumänen im letzteren Lande verbreitet. Man vergl. auch Hanusch, Die Wissenschaft des slawischen Mythus, S. 197 (Rachmanen = Brachmanen, Bramane).

Ostereier aus dem Czeremosz- und Putillathal.¹)

(Von jedem Ei ist der Gürtel, welcher dasselbe der Länge nach in zwei symmetrische Theile scheidet, mitgezeichnet.)

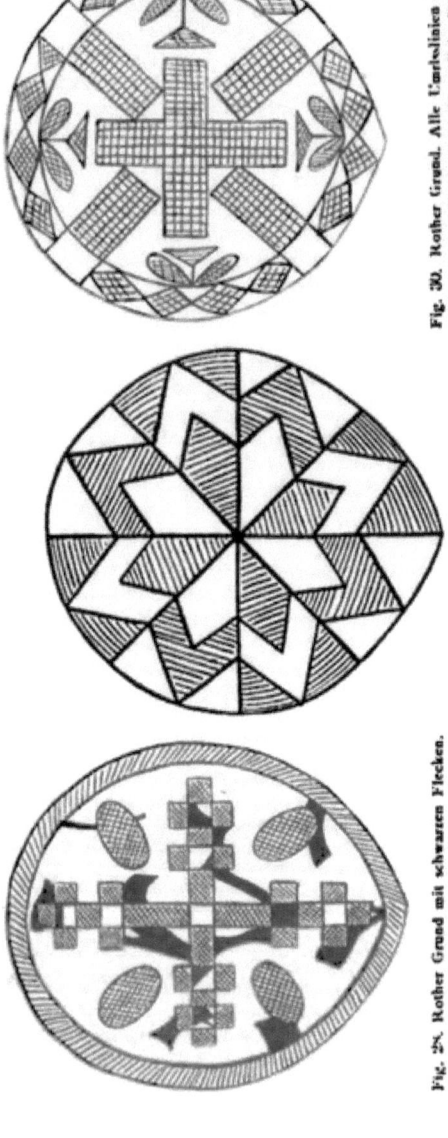

Fig. 28. Rother Grund mit schwarzen Flecken. (Blattornamentik?) Alle Umriss-linien der Ornamente weiss, ebenso die meisten Kreuz- und Querlinien; nur in den Ellipsen und in den äussersten je drei Quadraten des Kreuzes gelb.

Fig. 29. Rother Grund. Die stark ausgezogenen Linien sind weiss; die dünneren gelb.

Fig. 30. Rother Grund. Alle Umrisslinien der Ornamente weiss. Die Kreuz- und Querlinien im Mittelquadrat des Kreuzes und in den vier in die Winkel desselben hineinragenden Balken ebenfalls weiss; sonst gelb.

¹) In der Auswahl der Eier konnte, da auf eine Wiedergabe der Copien in Farbendruck im Vorhinein nicht zu denken war, leider nur auf diejenigen Rücksicht genommen werden, deren Ornament einfach genug war, um auch in Schwarzdruck noch einigermassen deutlich hervorzutreten.

nicht, zu welcher Zeit das Osterfest gefeiert werden solle. Da hatten die Menschen beschlossen, ihnen hievon Nachricht zu geben. Man warf daher die Schalen der Eier, die zur Bereitung der Osterspeisen dienten, in die Bäche und Flüsse, damit diese den Zwergen die Botschaft brächten. Als nun die Schalen dahingelangten, hielten die Rachmanen das Osterfest. Das geschähe nun alle Jahre, und mit den Zwergen feiern es auch hier die Menschen. Am Rachmanen-Osterfest findet in Kuty ein grosser Markt statt, der allgemein mit dem Namen *rachmaňski jermarok*, d. h. Rachmanen-Jahrmarkt, bezeichnet wird.

Am Pfingstfest *(swięta negila)* werden die Häuser und die Kirchen mit grünen Zweigen, Blumen und Gras geschmückt.

Am Vorabende des Georgstages *(dňena św. Jurja;* 23. April a. St. = 5. Mai n. St.) zündet man vor dem Hause ein grosses Feuer an. Als Brennmaterial dient gewöhnlich der Mist, welcher sich während des Winters auf dem Hofe angesammelt hat. Auf die Thorpflöcke legt man Rasenstücke, in denen am Palmsonntag geweihte Zweige stecken. Diese Vorbereitungen werden getroffen, um in der Georgsnacht den Hexen den Eingang zu wehren und so die Kühe vor Schaden zu sichern. In dieser Nacht heult auch die Wölfin und wirft so viele Jungen, als Faschingswochen in diesem Jahre waren. Der Georgstag gilt als Frühlingsanfang. Vor ihm reinigt der Huzule Hof und Garten, und nur bis zu diesem Feste lässt er noch die Viehstücke auf jenen Wiesen weiden, die zur Heumahd bestimmt sind. Nach dem Georgstage werden diese Wiesen gegen den Zutritt des Viehes wohl verwahrt, und der Huzule beginnt mit dem Bestellen des Gartens und Feldes.

Am ersten Montag nach Pfingsten beginnt die sogenannte *Petrinka*, d. i. das Fasten vor dem Peter- und Paulfeste, welches letztere auf den 29. Juni a. St. = 11. Juli n. St. fällt. Auf diesen Montag fällt der Teufelstag *(rozihry)*. An demselben wird nicht gearbeitet. Näheres hierüber an einer anderen Stelle.

Am St. Johannistage *(dňena św. Jwana;* 24. Juni a. St. = 6. Juli n. St.) werden wie am Pfingstfeste die Wohnungen und Kirchen mit Laub und Blumen geschmückt. An diesem Tage sammelt man vorzüglich die Kräuter, welche zu Heilzwecken verwendet werden, insbesondere auch Heidelbeeren, die der Huzule im Gegensatze zu anderen ähnlichen Früchten durch die Bezeichnung *zdorowi jahody*, d. h. gesunde Beeren, auszeichnet. Frühmorgens wälzen sich an diesem Festtage die Mädchen nackt im Grase, um schön und begehrlich zu werden. Wie am St. Georgstage, so muss aber auch an diesem Feste das Vieh vor dem Einflusse der Hexen durch Rasenstücke geschützt werden, die man auf die Säulen der Eingangsthore legt. Schliesslich muss noch bemerkt werden, dass in manchen Dörfern, wie zum Beispiel in Rostoki, das schon weiter unten im Gebirge liegt, an diesem Feiertage alljährlich die Weihen der Felder vorgenommen werden. In anderen Huzulendörfern finden solche Weihen, die bei den ackerbautreibenden Rutenen im Vorlande regelmässig stattfinden, nur in Ausnahmsfällen, etwa wenn ein Misswachs droht, statt. In der Nacht vor Johannes blüht das Farnkraut.

Auf den Tag des heiligen Elias (*dñena św. Jlija*; 20. Juli a. St. — 1. August n. St.) fällt der Donnerfeiertag *(hromowe świeto)*. Elias ist nämlich der Donnergott, der mit dem Teufel sich im Kampfe befindet und diesen mit dem Blitze zu tödten sucht. Wo der Blitz einschlägt, hat Elias denselben nach dem Teufel geschleudert. Am Feste dieses Heiligen darf aber nicht gearbeitet werden, damit der Donner — so sagt das Volk — die Hütte nicht anzünde oder anderen Schaden verursache.

Am Tage Boresa und Chliba (24. Juli a. St. = 5. August n. St.) darf nicht gearbeitet werden, damit man keinen Schaden am Körper oder Vermögen erleide.

Bis zum Feste der Verklärung Christi (*preobraženije Hospoda*; 6. August a. St. = 18. August n. St.) geniesst kein Wirth von einem um diese Zeit reifenden Obste. An diesem Feste bringt er aber von jeder Art einige Früchte zur Kirche, lässt sie weihen und vertheilt dieselben hierauf an den Priester, Kirchendiener und die Armen. Dann erst hält er es für statthaft, selbst von den Früchten zu geniessen.

Den Wieselfesttag feiern die Huzulen entweder am Tage des heiligen Matthäus (*Mafteja*; 9. August a. St. = 21. August n. St.) oder am Tage der heiligen Katharina (*Kateryna*; 24. Nov. a. St. = 6. December n. St.). An diesem Tage darf nicht gearbeitet werden, damit das Wiesel den Viehstücken keinen Schaden anthue.

Ebenso arbeitet der Huzule nicht am Tage des heiligen Phokas (*Foka*; 12. August a. St. = 24. August n. St.), damit sein Gehöfte vor Feuer bewahrt bleibe. Das Fest scheint rumänischen Ursprungs zu sein.[1]

Während des zweiwöchentlichen Fastens vor Mariä Himmelfahrt (*persza bohorodycia*;[2] 15. August a. St. = 27. August n. St.) giesst Maria auf den Schwellen der Kirchen Wachs und bestimmt das künftige Schicksal der Menschen. Daher sollen Ehen, die nach diesem Feste geschlossen werden, glücklich sein.

Am Feiertage des Märtyrers Lupa oder Lupul (*na Lupa*; 23. August a. St. = 4. September n. St.) darf nicht gearbeitet werden, damit der Wolf den Herden keinen Schaden anthue. Der Ursprung dieses Festes ist sicher bei den Rumänen zu suchen, in deren Sprache der Wolf *lup*, *lupul* heisst, woraus sich allein die Anlehnung des Wolftages an den heiligen Lupul erklärt.

Wenn am Tage Simeons (*dñena Semena stolpnyka*; 1. September a. St. = 13. September n. St.), das ist am ersten Tage des griechischen Kirchenjahres, schönes Wetter herrscht, so wird das kommende Jahr fruchtbar sein.

Am Kreuzerhöhungstage (*dwežynie*; 14. September a. St. = 26. September n. St.) versammeln sich die gekrönten Schlangen, die noch niemanden gebissen haben. Das ist der Schlangentag, über den an einer anderen Stelle mehr gesagt werden soll.

---

[1] Vergl. Kaindl und Manastyrski, Die Rutenen in der Bukowina. II, 24. Die Etymologie weist nämlich auf rumänisch *foc* = Feuer.

[2] D. h. erste Gottesgebärerin; als *Jruha* (= zweite) *bohorodycia* wird das Fest Mariä Geburt (8. September a. St. = 20. September n. St.) bezeichnet.

Am Tage des Evangelisten Lukas (18. October a. St. = 30. October
n. St.) darf mit den Ochsen nicht gearbeitet werden.

Am Vorabende des heiligen Andreas (*dŭena ke. Andrija*; 30. Nov. a. St.
— 12. December n. St.) erforschen die Mädchen in schon früher besprochener
Weise ihr künftiges Schicksal.

Am Tage des heiligen Spiridion (12. December a. St. = 24. Dec. n. St.)
endlich darf nicht gearbeitet werden, damit man keinen Schaden durch
wilde Thiere erleide.[1])

Ausser diesen Festen und zahlreichen anderen von der Kirche
gebotenen, deren Feier aber nichts Merkwürdiges bietet, begeht der Huzule
mit der Kirche auch den Namens- und Geburtstag des Kaisers und den
Namenstag der Kaiserin; dann auch wohl seinen eigenen Namenstag, wenn
er den Namen eines Heiligen trägt, dessen Feiertag ihn daran erinnert;
vor Allem aber noch das Weihfest der Kirche seines Dorfes und jenes der
benachbarten Gemeinden. Die Insassen des Dorfes, in welchem das Fest stattfindet, bereiten reichlich Speise und Trank vor und laden nach dem Gottes-
dienste ihre Verwandten und Freunde, die aus den Nachbardörfern kamen,
zu Gäste. Schliesslich wird beim Wirthshause auch ein Tanz veranstaltet,
an dem Jung und Alt theilnehmen und höchstens Kinder und Greise zu-
sehen. Die Unterhaltungen nehmen oft erst nach zwei bis drei Tagen ein
Ende, und die Gäste ziehen dann heim.

Am Schlusse dieses Capitels dürften auch einige Bemerkungen über
Bräuche und Volksglauben, die an einzelne Wochentage anknüpfen, am
Platze sein.

Am Montag enthalten sich viele Huzulen der Arbeit. An diesem Tage
und am Donnerstag fasten sie auch, damit ihr Vieh gut gedeihe. Andere
halten den … des am Montag und Freitag zu halten, um die Er-
… Wünsche zu erreichen.

Am Dienstag kümmern sich die Huzulen nicht um … von Unbilden verschont zu bleiben. Ferner darf man an diesem Tage und am Samstag nicht
… Vielen gilt der Dienstag überhaupt als
… an dem man keine grössere Arbeit beginnen soll.

Am Mittwoch … die Frauen nicht und stellen den Spinnrocken
… Spinnrocken … sonst … die personificirte
Mittwoch … Nachts im Hause anheimgeben. Andere Arbeiten sind
… man am Mittwoch und Freitag also den
… damit der Geier

…Montag.
…demselben sonst
…man sich an
…zu erhalten.
…Korn. Hie und da

betrachtet man den Freitag völlig als einen Tag des Nichtsthuns, an dem man auch keine Reise unternehmen dürfe. Siehe auch unter Montag und Mittwoch.

Ueber den Samstag siehe unter Dienstag.

Der Sonntag gilt als Glückstag.

An jedem Tage endlich gilt die Zeit von der Frühdämmerung bis gegen Mittag als rein und glücklich; die Zeit hingegen von Mittag bis zur Mitternacht als unheilvoll. In den Stunden nach Mitternacht bis zum ersten Hahnenschrei treiben der Teufel und die Gespenster ihr Wesen, doch auch zur Mittagszeit. [1]

XI.
Teufel und Gespenster.

Die Teufel treten in der Regel in Menschengestalt auf. Sie sind schwarz, haben Hörner und eine feurige Zunge und können — wie Manche glauben — beiderlei Geschlechtes sein. Andere machen einen Unterschied zwischen dem eigentlichen Teufel, der nur männlichen Geschlechtes ist und in der Gestalt eines schaudererregenden, dem Namen nach unbekannten Thieres auftritt,[2] und den Teufeln, in die etwa die ungetauften Kinder verwandelt werden. Der gewöhnliche Aufenthaltsort des Teufels ist die Hölle. Es gibt aber zwei derartige schreckliche Stätten, eine heisse und eine kalte. In der ersteren ist das Feuer siebenmal heisser als das irdische; in diese kommen alle Sünder mit Ausnahme jener, welche die Fasttage nicht hielten. Diese kommen nämlich in die kalte Hölle, in der ein Frost herrscht, wie er auf Erden nur in den strengsten Wintern auftritt, „in denen die Bäume vor Kälte platzen". [3]

Aus der Hölle kommen die Teufel auf die Oberwelt, um Unfug zu treiben. Sie versammeln sich um Mitternacht in öden Häusern und Mühlen, um bis zum ersten Hahnenschrei, und zwar bei Licht, Berathungen zu pflegen. Auch bei Brücken erscheint der Teufel gern; so soll er oft bei einer Brücke in Russisch-Moldawitza sein Wesen treiben, und daher führt dieselbe den Namen Teufelsbrücke. Befindet sich ein Mensch gerade an einem Orte, den der Teufel heimsucht, so mag er sich schlafend stellen; es geschieht ihm dann kein Leid.

Am ersten Montag nach Pfingsten versammeln sich die Teufel um Mittagszeit auf gewissen Bergen, so z. B. auf der Alm Luczyna; sie tanzen daselbst und zertreten hiebei den Boden derart, dass auf demselben nichts mehr wachsen und gedeihen kann. An diesem Tage, der den Namen *rozihry*,

[1] Vergl. im nächsten Capitel über die *rozihry*.
[2] Vergl. die Sage vom Doubusz, S. 43.
[3] Anmerkungsweise mag hier bemerkt werden, dass die greulichen Bilder von den Höllenstrafen, wie man sie auch im Huzulengebiete in alten Kirchen findet, auf das Volk nur entsittlichend wirken. Es wäre daher an der Zeit, dieselben zu entfernen.

Kaindl, Die Huzulen. 6

d. h. Unterhaltung. führt, darf nicht gearbeitet werden. Am besten ist es, dass man den ganzen Tag schlafe, um den Teufelstanz nicht zu Gesicht zu bekommen. Doch soll man weder an diesem Tage noch in der folgenden Nacht ausserhalb des Hauses schlafen, weil die Teufel dem Menschen Uebles anthun und ihn wohl auch mit sich fortführen könnten. Die Teufel, welche an den *rozdhry* theilnehmen, sind übrigens nach der Meinung Mancher von ganz besonderer Art. Es sind dies nämlich die sogenannten *nauky*, die vorn schön gekleidet sind und einen angenehmen Anblick — „wie die schönsten Fräulein" — gewähren, denen aber rückwärts die Gedärme heraushängen. Noch nach Anderen haben die *nauky* Vogelgestalt und sind die ungetauften Kinder, die sieben Jahre vergebens um die Taufe gefleht haben.

Ausser den todtgeborenen und allen ungetauften Kindern verfallen dem Teufel aber auch die Mörder, Selbstmörder und Meineidigen, ferner Leute, welche jemanden mittelst Zauberei aus der Welt schafften. Man kann sich aber auch freiwillig dem Teufel verschreiben, um seiner Hilfe theilhaftig zu werden. Sucht jemand nach Schätzen und stösst er hiebei auf Schwierigkeiten, so hindert ihn der Teufel. Diesem muss dann der Schatzgräber sein Kind oder sonst eine liebe Person verschreiben, um den Schatz heben zu können. Man erzählt auch, dass manche Leute ihr Geld mit dem Fluche verscharrt hätten, nur jener solle den Schatz heben können, der seine oder eines Verwandten Seele dem Teufel verschrieben hätte. Uebrigens erkennt man schon aus der Zeit, in welcher ein Schatz „brennt", ob dieser rein oder unrein sei. Erscheint das Flämmchen, das den Schatz verräth, zwischen Mittag und Mitternacht, so ist das Geld unrein und soll nicht gehoben werden; brennt aber der Schatz von Mitternacht zum Mittag, so ist er rein und kann ausgegraben werden. Viele dieser Schätze werden geradezu von Geistern bewacht, die dem Unberufenen den Zutritt wehren oder ihn, wenn er verwegen sich naht, tödten. So werden z. B. die Schätze auf dem Hochgebirge Pausze und in den Kellern des Klosters Watra-Moldawitza von Geistern gehütet; und als die Brüder Skundi aus Kirlibaba auf der Alm Zimbruslawitza in eine Schatzkammer einzudringen wagten, gingen zwei derselben zu Grunde. Die meisten dieser Schätze rühren nach der Erzählung der Huzulen von Räubern her. So erzählt man auch, dass die Schätze Doubusz' an mehreren Orten verborgen liegen, so auf der Czorna Hora, am Pysany Kamiń, in einem Berge bei Berwinków und schliesslich im Felsen Sokilski, das ist dem Falkenfels. Auch am Owidiusz bei Kuty sind Schätze verborgen. Von Schatzgräbern weiss man mancherlei zu erzählen. Im Engweg *odłas)* von Bialobereska hatte einst ein Mann einen grossen Schatz entdeckt; er liess ihn aber zunächst in der Kluft liegen, um ihn zu gelegener Zeit abzuholen. Von der entgegengesetzten Berglehne hatte ihn aber ein Anderer bemerkt und kam ihm zuvor. Als der Schatzgräber zurückkam, fand er den Ort leer; jener Andere aber kaufte bald darauf viele Gründe und Vieh und ward ein reicher Mann. Aehnliche Geschichtchen gehen gar viele um.

Einen krummen knorrigen Baum, in dessen Wipfel es laut braust und dröhnt, soll man nicht fällen. In solchen Bäumen pflegt nämlich der Teufel zu wohnen, und dieser würde den Holzfäller sicher verwunden. Auch unter Holundersträuchern wohnt der Teufel; deshalb darf man nie einen solchen entwurzeln, sonst stirbt man oder man leidet anderen grossen Schaden. Steine, die auf der Oberfläche eiartige Auswüchse aufweisen, soll man nicht von der Stelle rücken; denn diese Steine sind Sitze des Teufels. Auch auf den Kreuzwegen liessen sich die bösen Geister nach ihrer Vertreibung aus dem Paradiese nieder. Sie treiben daselbst ihr Unwesen und fügen den Menschen allerlei Leid zu. Wer mit dem Teufel aber einen Handel eingehen will, der soll sich um Mitternacht auf einem Kreuzwege einfinden und dreimal pfeifen; dann erscheint ihm sogleich der Böse. In einzelnen Dörfern geht oft über den einen oder andern Wirth die Rede, er stehe mit dem Teufel im Bunde; so in S. über einen gewissen O. U., der überaus reich ist, grosse Rinderherden besitzt und selbst über ein bedeutendes Baarcapital verfügt. Vom Teufel, sagt das Volk, habe er seinen Reichthum; mit ihm halte er nachts geheime Zusammenkünfte; einst werde aber dafür seine Seele in der Hölle leiden. Einen solchen dienstbaren Teufel kann man sich auch aus einem Ei ausbrüten, das eine schwarze Henne als ihr erstes überhaupt am Feste Mariä Verkündigung gelegt hat. Man muss es aber so lange in der Achselhöhle tragen, bis der Teufel herausschlüpft.

Als Schutz gegen den Teufel gilt vor Allem Weihwasser. Ferner fertigt man hohle Kreuzchen von Silberpappelholz und füllt dieselben mit Quecksilber; auf der Brust getragen hält ein solches Kreuz den Teufel fern. Auch gewisse gelbe Steinchen seien gegen den Bösen. Um dem Teufel den Eintritt ins Haus zu verwehren, befestigt man ein Stück Holz von der Silberpappel über der Thüre.

Fühlt ein Mensch, der sich dem Teufel verschrieben hatte, Reue über dies frevelhafte Thun, so gibt es noch immer Mittel und Wege, sich von dem ewigen Verderben zu lösen. Er muss Busse thun, sein Haus vom Geistlichen ausweihen lassen und ein ordentlicher Mensch werden.

Der Teufel ist es auch, der Unwetter und besonders den Hagel erzeugt. was auch von den durch ihn beeinflussten Vampyren und Hexen gilt. Die Hagelschlossen sammelt der Teufel auf der Czorna Hora,[1]) belädt mit denselben sein weisses Pferd und steigt dann empor in die Wolken. Wo er sich aber seiner Last entledigt, da hagelt es. Diesem Treiben des Teufels können aber sowohl Männer als Weiber durch geeignete Mittel Einhalt thun. Darüber soll bei einer anderen Gelegenheit Näheres angeführt werden.

Am Schlusse sei noch bemerkt, dass das Volk den Namen des Teufels (dittio, gitko, czort) auszusprechen in der Regel sich scheut und daher allerlei umschreibende Ausdrücke gebraucht. so z. B.: win — er; szczesby, szczezun = derjenige, der weichen soll; neczisty) = der Unreine;

----

[1]) Vergl. S. 1.

84

pek jimu[1]) u. dgl. Im Zorn überwindet aber der Huzule seine Scheu vor
dem Bösen und nennt ihn oft in seinen Flüchen.[2])

Dem Teufel am nächsten stehen die Vampyre *(upcri)*. Der Glaube
an dieselben ist weit verbreitet. Als Menschen sind die Vampyre mit den
allerhöchsten Zauberkräften ausgestattet. Erkenntlich sind sie an einer sehr
rothen Gesichtsfarbe, die sich auch nach dem Tode erhält; auch sollen sie
monatlich ihr Geschlecht wechseln *(misiecznyki)*. Sterben sie, und beerdigt
man sie nach Art anderer Menschen, so finden sie im Grabe keine Ruhe,
sondern verlassen dasselbe, um den Menschen allerlei Schrecken und Leid
anzuthun. Daher soll man jeden Todten, in dem man einen Vampyr ver-
muthet, mit dem Gesicht nach abwärts begraben. Auch die Beerdigung an
Kreuzwegen führt denselben Erfolg herbei. Ein drittes Mittel besteht endlich
darin, dass man das Grab des umgehenden Vampyrs öffnet und einen Pflock
aus Silberpappelholz ihm durch das Herz stösst;[3]) ferner wird den Vampyren
Einfluss auf das Wetter zugeschrieben; sie erzeugen verderbliche Regengüsse, Dürre, Hagelschlag und die furchtbaren Schneestürme im Winter.
Wie den Teufel kann man für sein Seelenheil auch einen Vampyr zu seinem
Zwecke sich dienstbar machen. Von den zahlreichen Erzählungen, die über
diese gespenstigen Wesen umgehen, mag eine hier Platz finden.

In Briaza, einem Dorfe im oberen Moldawitzathale, lebte ein Bauer
namens Makowyj. Er war mit Hab und Gut sehr reich gesegnet. Man
wusste lange nicht, wie er dazu gekommen war; aber nach seinem Tode
sollte man es gar bald erfahren.

Makowyj hatte sieben Söhne und eine Tochter. Als er aber sein Ende
nahen fühlte, liess er alle seine Kinder um sich versammeln und befahl
ihnen, dass sie ihn nach dem Tode auf einem Kreuzweg begraben sollten,
da er sonst in der Erde keine Ruhe finden würde. Die Kinder weigerten
sich lange, in die Bitte einzuwilligen; denn sie fürchteten das grosse Auf-
sehen, das ein derartiges Vorgehen erregen würde. Schliesslich mussten sie
aber doch nachgeben und sagten den dringenden Bitten des Sterbenden zu.

Als aber der Alte todt war, da nahmen die Hinterlassenen doch
Anstand, ihr Versprechen zu erfüllen. Es dünkte sie zu bedenklich, den Vater
in ungeweihter Erde zur letzten Ruhe zu bestatten. Daher hielten
sie Rath und beschlossen endlich, dem Verstorbenen ein ordentliches Begräb-
niss zu Theil werden zu lassen und das Leichenbegängniss entsprechend
den Vermögensverhältnissen mit allen Ehren zu veranstalten. Und so geschah
es auch.

---

[1]) Letztere Ausdrucksweise ist schwer erklärlich. Das Wort *pek* wird auch im Fluche *pek by
t-b: bub* gebraucht.

[2]) Vergl. S. 48.

[3]) Anmerkungsweise sei hier noch ein specieller Fall erwähnt, den mir der Pfarrer Hakmann
aus Seletyn mittheilte. Beim Leichenbegängnisse eines alten Weibes, dessen Leichnam auf dem Hofe ein-
gesargt wurde, bemerkte der Pfarrer zu seinem Befremden, dass man den Deckel des Sarges mit einer
grossen Menge von Nägeln festmachte. Ungeduldig darüber — es war übrigens auch ein kalter Winter-
tag — äusserte er seine Missbilligung über die unnöthige Verzögerung. Da antwortete man ihm zur
Entschuldigung, es sei ein altes Weib, das müsse man wohl verwahren.

Aber einige Tage nach der Leichenfeier wurde seine Tochter, an der er mit besonderer Liebe gehangen hatte, von wirren Träumen beängstigt. Es erschien ihr nämlich der verstorbene Vater mit kummervoller Miene, mahnte sie an das gegebene Versprechen und bat schliesslich, man möge ihn vom Kirchhofe ausgraben und an dem vor seinem Tode bestimmten Ort beerdigen. Diese Erscheinung wiederholte sich öfters, aber dem Willen des Geistes wurde nicht willfahrt.

Da geschah es eines Tages, dass die Hausgenossen beim Herdfeuer länger als gewöhnlich gewacht hatten. Als sie sich nun zur Ruhe begeben wollten, sprang plötzlich die Thür auf und das Feuer am Herde erlosch. Vergebens sahen sich alle Anwesenden nach dem Urheber dieser Erscheinung um; niemand sah etwas; die Tochter aber, die den Todten schon öfter gesehen hatte, bebte zusammen und brach dann blutend auf den Boden nieder. Als man sie ins Leben zurückgerufen hatte, theilte sie noch mit, dass ihr der Vater erschienen sei und einen wuchtigen Schlag nach ihr geführt habe. Dann umnachtete sich aber ihr Geist und sie musste ins Irrenhaus abgeliefert werden. Dort starb sie nach kurzer Zeit.

Mit diesem Opfer begnügte sich jedoch nicht der Geist des Alten. Er erschien fortan — wie dies Vampyre gewöhnlich thun — insbesondere öfters seiner Geliebten, der er im Leben überaus zugethan war. Allnächtlich kam er zu ihr um die zwölfte Stunde und verblieb bis zum ersten Hahnenschrei. Unter seinen eisigen Umarmungen schwanden dem einst blühenden Mädchen die Kräfte, es siechte von Tag zu Tag dahin und sank schliesslich ebenfalls ins Grab.

Jetzt begannen auch die Söhne des Todten für ihr Leben zu fürchten. Es war offenbar geworden, dass ihr Vater als Vampyr umgehe; so blieb denn nichts übrig, als ihn aus der geweihten Erde zu entfernen und am Kreuzwege zu verscharren.

Nachdem dies geschehen war, hatten der Todte und die Lebendigen Ruhe.

Eine dritte verderbliche Gestalt im Volksglauben der Huzulen ist die *Baba Jeudocha*.

Die Ueberlieferung von diesem bösen Wesen ist auch unter den rutenischen und rumänischen Anwohnern der Huzulen weit verbreitet. Aus den verschiedenartigen Ueberlieferungen ergibt sich klar, dass in der Baba der verderbliche Winter personificirt erscheint und sie daher dem Teufel und den Vampyren sehr nahe steht.[1] Eine huzulische Version der Sage lautet folgendermassen:

Einst lebte eine Stiefmutter: die war so schlimm, wie es eben alle Stiefmütter sind. Sie hatte aber eine Tochter, und diese wurde von ihr auf alle möglichen Weisen gequält.

---

[1] Vergl. „Die Rutenen in der Bukowina“, II. 53 f. Eine Anzahl von Versionen habe ich in der Monatsschrift für Volkskunde „Am Urquell“ 1891, Heft 9, veröffentlicht. Gegenwärtig ist schliesslich mein Aufsatz in den „Ethnologischen Mittheilungen aus Ungarn“ II. 222 ff. zu vergleichen.

So geschah es einmal, dass Baba Jeudocha, denn so hiess die Stiefmutter, ihre Tochter schon im März ausschickte, damit dieselbe Himbeeren
sammle. Natürlich hatte die Alte diesen Auftrag nur wieder ersonnen, um
das Mädchen zu quälen.

Als nun dasselbe besorgt durch den Wald einherschritt, gewahrte sie
zwei Wanderer, die an einem Feuer sassen: es herrschte nämlich noch
rauhes Wetter. Als die Männer das Mädchen gewahrten, riefen sie dasselbe herbei und fragten es, was ihm fehle und weshalb es weine. Da erzählte ihnen dasselbe unter Thränen sein Missgeschick und wie es die
Stiefmutter um Himbeeren geschickt habe, trotzdem sie wisse, dass solche
um diese Zeit nicht zu finden seien.

Die fremden Männer waren aber der Heiland und der heilige Petrus.[1])
Da hatten sie Erbarmen mit dem Kinde, trösteten es und hiessen es das
vordere Rocktuch aufheben. In dieses warfen dann die Männer von ihrem
Feuer einige Handvoll glühender Kohlen und befahlen dem Mädchen zugleich, auf dieselben keinen Blick zu werfen, als bis es nach Hause gekommen sei.

Das Mädchen versprach gehorsam zu sein und trat den Rückweg an.
Als es daheim ankam, schrie die Alte sogleich, ob es Himbeeren brächte.
„Das weiss ich noch selbst nicht", sagte die Angekommene, blickte aber
doch zugleich in die Schürze, und siehe da, dieselbe war gefüllt mit den
herrlichsten Früchten. Da hoffte wohl die Tochter, dass die Mutter nun
nicht mehr schelten würde; aber es kam doch anders, denn diese wandte
nun die Sache und schrie: „Jetzt sehe ich schon, dass du Alles machen
kannst, wenn du nur guten Willen hast."

Nun aber machte sich die Alte selbst auf, um Himbeeren zu suchen.
Sie trieb ihre Schafe und Ziegen zusammen, nahm aus der Vorrathskammer
zwölf Pelze und machte sich auf den Weg nach der Czorna Hora.[2]) Dort
hoffte sie viele Himbeeren zu finden und überdies für ihre Herde reichliche
Weide.

Als Jeudocha aber auf dem Berge angekommen war, herrschte dort
noch grimmige Kälte. Daher zog die Baba einen ihrer Pelze an, und in
der That wurde es ihr bald warm. Da überkam sie auch böser Uebermuth,
und sie brach in die lästerlichen Worte aus: „März, März, ich sch... dir
ins Gesicht."[3]) Da begann aber ein schreckliches Unwetter; Regen goss
herab, und dann folgte in der Nacht arger Frost. Jeudocha zog täglich
einen weiteren ihrer Pelze an. Am zwölften Tage aber, da ihr kein Pelz
mehr zur Verfügung stand, erfror sie schliesslich. So brachte die Alte
durch ihren Uebermuth rauhen Sturm über die Erde, der sich nun alljährlich wiederholt. Ihre Säule steht aber noch heute auf der Czorna Hora,
und zwischen deren Füssen quillt ein Quell überaus frischen und erquicken-
den Wassers hervor.

---

[1]) Nach Anderen begegnet das Mädchen den zwölf Monaten.

[2]) Vergl. S. 1.

[3]) Marot, marot, seru tebi na rot.

Der Todesengel der huzulischen wie der rutenischen Ueberlieferung ist die *džuma*, d. i. die Pest. Dieselbe wird gewöhnlich als ein altes Weib geschildert. Zuweilen besucht sie aber auch als schönes Mädchen die Ansiedlungen der Menschen. Wo sie freundlich aufgenommen wird, dort lässt sie ihre schreckliche Kraft nicht walten. In Dörfern aber, in denen ihr Verachtung und Unfreundlichkeit zu Theil wird, rafft sie alles Lebende hinweg.

Zu den verderblichen Wesen zählen ferner die *malpy*: sie sind halb Fisch und halb Mensch; ihr Aufenthaltsort ist aber das Meer. Aus diesem tauchen sie zuweilen auf, um die vorbeifahrenden Schiffer anzulocken und ins Verderben zu ziehen. Diese finden aber ihren Tod auf vielfache Weise; die einen zerschellen an den Klippen, andere werden von den Malpy verzehrt, noch andere gehen zu Grunde in Folge des Beischlafes mit denselben.[1]

Ferner sind die *russalky* zu nennen. Sie sind Flussnixen, welche insbesondere die Flösser gefährden. Im Wasser sind sie halb Mensch, halb Fisch. Zuweilen suchen sie den Menschen aber auch auf dem festen Boden auf, wie die folgende Erzählung eines Huzulen beweist. „Einst befand ich mich — so berichtet er — auf dem Kirchhofe, weil ich dort die Wache hatte. Es mochte schon zwölf Uhr nachts sein, und der Mond stand hoch am Himmel, als ich aus dem Schlummer, in den ich gesunken war, aufgeschreckt wurde. Als ich mich nun umsah, erblickte ich an der Umzäunung des Friedhofes eine weisse Gestalt, die bald zwerghaft zusammenschrumpfte, bald wieder riesengross anwuchs. Wiewohl ich nicht furchtsam bin, fühlte ich doch einige Beängstigung, und es verging eine Weile, bis ich die Gestalt zu fragen wagte, wer sie sei und woher sie käme. Diese gebot mir aber mit einer Handbewegung Stillschweigen und nahte sich mir, indem sie zu wiederholten Malen die Gestalt wechselte. Schliesslich bemerkte ich, dass sie nicht aus Fleisch und Blut bestehe, sondern der Geisterwelt angehöre und eine Nixe sei. Bald darauf fühlte ich mich umfasst und in unendliche Höhe von dem gespenstigen Wesen emporgetragen. Hier liess sie sich mit mir nieder und zwang mich, dass ich ihr beiliege. Nachdem dies geschehen war und sie sich erhoben hatte, fühlte ich eine sonderbare Veränderung in meinem Körper. Auch ich wuchs nun wie die Nixe bald zur Riesengrösse, um dann wieder zur zwerghaften Gestalt zusammenzuschrumpfen. Die Nixe schritt mir aber zur Seite und führte mich. Am folgenden Tage erwachte ich erst zur Mittagszeit. Ich fühlte heftige Schmerzen in meinen Hüften und in der Brust; mein ganzer Körper war wie zerschlagen. Hätte ich aber der Nixe den Beischlaf versagt, so wäre ich sicher nicht mit dem Leben davongekommen."

Schliesslich sind noch die *putopelnyky* zu erwähnen. Es sind dies die Geister im Wasser Umgekommener. Hat ein Mensch im Flusse den Tod gefunden, so stürzen sich vom Himmel zunächst gewaltige Regengüsse herab. Der Todte findet aber im Wasser keine Ruhe; in mondhellen

---

[1] Mittheilung des Herrn Schärf.

Nächten verlässt er vielmehr sein nasses Grab und irrt umher an den Ufern. Auch entsteht an den Stellen, wo ein Mensch ertrank, stets ein Wirbel *(krutiz, krutelo, wir)*, und wenn Jemand an diesem Orte badet, so zieht ihn der Potopelnyk hinab in die Tiefe. Daher pflegt man an diesen Unglücksstätten Kreuze zu errichten, damit Andere vor dem Verderben gewarnt werden.

Mit den geschilderten verderblichen Wesen stehen die Hexen und Zauberer, über die im nächsten Capitel gehandelt wird, in engster Verbindung.

XII.

Zauberei.

Zauberei wird von alten Weibern und Männern geübt. Die ersteren beschäftigen sich mit dem Behexen der Kühe, dem Besprechen von Krankheiten, mit Liebeszauber und Wahrsagen; ferner rufen sie Hungersnoth und Hagelschlag hervor, können aber auch Gewitter und Hagel abwenden. Die Männer üben zumeist nur die Hagel- und Wetterbeschwörung, doch sind sie auch als Besprecher und Wahrsager thätig und stehen den Liebenden bei. Manche unterscheiden verschiedene Arten von Hexen. Nach ihrer Ansicht bezaubern die einen die Kühe, andere benagen und verderben die Zäune, noch andere verursachen die Unfruchtbarkeit in den Ehen u. dgl. m.

Der Glaube an den Kuhzauber ist überaus verbreitet. Gibt die Kuh keine Milch, oder ist die Milch röthlich gefärbt, so hat die Hexe es verursacht. Insbesondere in der Georgs- und Johannisnacht muss man den Hexen den Eintritt in die Gehöfte wehren. Es geschieht dies, indem man auf die Pfosten der Eingangsthore Rasenstücke legt, in denen am Palmsonntag geweihte Zweige stecken. Auf den Almen schützt man die Herden dadurch, dass man sie über die Asche des „lebendigen Feuers" schreiten lässt. Aehnlichen Schutz gewährt ein rother Wollfaden oder ein rothes Band, das man den Viehstücken um den Hals oder Schweif bindet. Um die Milch den Kühen zu entziehen, wenden die Hexen verschiedene Mittel an. Die einen glauben, dass sie die Kühe auf dieselbe Weise, wie es gewöhnlich zu geschehen pflegt, melken. Andere behaupten, dass die Hexen an einem grossen Feiertage, besonders den zwei oben genannten, den Kühen einige Milch nehmen und mit derselben die Euter der eigenen Kuh bestreichen; aus diesen fliesst dann Milch in Fülle; die Euter der Kühe aber, denen die Milch entnommen wurde, verdorren oder geben nur Blut. Noch ein anderes Mittel besteht darin, dass die Hexe an der Stelle, wo die Kühe gewöhnlich gemolken werden, aus Holz eine Kuh anfertigt und das bei dieser Arbeit verwendete Messer in den Boden steckt. Die hölzerne Kuh gibt dann der Hexe die Milch aller Kühe, die auf dem betreffenden Orte gemolken werden; die Besitzer erhalten aber nur Blut. Um eine behexte Kuh zu entzaubern, gibt es verschiedene Mittel. Man gibt dem Thiere entweder Weihwasser ein, dem die Blüthenknospen von den am Palmsonntag geweihten Zweigen, ferner auch Schwefel beigemengt wurden; oder es wird eine Salbe aus Türkenknoblauch *(? turskyj czisnok)* mit Urin und Theer bereitet und die Kuh damit eingerieben. In Jawornik, einem Dorfe unfern der Czorna Hora,[1] wurde aber die Entzauberung einer Kuh in folgender Weise vorgenommen: Man machte derselben mittelst Kohle ein Kreuz auf dem Rücken; dann besprengte man sie mit Weihwasser und melkte schliesslich durch einen Trauring unter Hersagung folgender Worte: „So viele Tropfen Weihwasser, so viele Thränen soll derjenige weinen, der die Kuh verzauberte." Ferner soll es sehr vortheilhaft sein, gefundene alte Hufeisen auf den Höfen niederzulegen; schreiten die Kühe über dieselben, so werden sie vor den nachtheiligen Folgen einer Behexung geschützt. Freilich ist es für den Wirth, der ein Hufeisen auf der Strasse findet, eine gewagte Sache, dasselbe aufzuheben; denn es heisst, dass die Sünden eines Menschen, der gefundenes Eisen an sich nimmt, um das Gewicht desselben zunehmen.

Wie der Liebeszauber von Hexen geübt wird, ist schon an einer früheren Stelle erzählt worden. Uebrigens verkaufen sie auch andere Kräuter und Tränklein, die denselben Zwecken dienen.

Wahrsagerinnen und Wahrsager stehen in grossem Ansehen und werden bei allerlei Unglücksfällen und Schäden, insbesondere zum Zwecke der Aufdeckung von Diebstählen, zu Rathe gezogen. Man kennt das Weissagen mittelst Körner,[2] aus der Hand und den Karten, letztere Art vorzüglich wohl nur da, wo die Huzulen mit Zigeunern, die besonders aus Siebenbürgen kommen, in Berührung treten.

Um Hungersnoth zu veranlassen, verkaufen die Hexen den ersten im Entstehen begriffenen Kukuruzkolben oder überhaupt die ersten Blüthen einer anderen Frucht über die Grenze in ein fremdes Land. Dort gibt es dann eine überaus reiche Ernte; daheim kommt aber über die Menschen Mangel und Elend.

Auch für Hagelschlag macht man die Hexen verantwortlich, und in dieser Beziehung berühren sie sich nahe mit den Vampyren. Früher führte dieser Glaube zu argen Ausschreitungen. So haben amtlichen Berichten zufolge[3] die Bewohner des oberen Czeremoszthales, als am 17. und 18. April und am 1. und 2. Mai 1785 der Hagel in ihren Gegenden argen Schaden verursachte, alle alten Weiber zusammengetrieben und sich angeschickt, dieselben auf einem Scheiterhaufen zu verbrennen. Nur mit Mühe gelang es einigen Vernünftigen, die Frauen zu retten.

[1] Vergl. S. 1.
[2] Ueber das Wahrsagen mit Körnern vergl. Kaindl in „Die Rutenen in der Bukowina", II, 30 oder „Kleine Studien", S. 37.
[3] Vergl. Polek, Die Anfänge des Volksschulwesens in der Bukowina, S. 11 ff., Anmerk. Genannt sind in dem Berichte die Gemeinden Jablonitza, Koniatyn und Rusisch-Kimpolung (d. i. Dolhopol)

Noch muss hier das sogenannte „Unterstreuen" *(pidsypuwaty)* und „Unterlegen" *(pidlokvty)* erwähnt werden, das sowohl Weiber als Männer üben können.

Das „Unterstreuen" besteht darin, dass man auf die Wege und Stege, welche von derjenigen Person, welcher man Schaden anthun will, betreten werden müssen, Asche und Disteln streut. Dadurch soll über diese arges Unglück herbeigeführt werden. Zu demselben Zwecke streut man Kohle, Mörtel vom Backofen u. dgl.[1]) vor das Thor oder die Hausthür. Menschen und Thiere, welche darüber hinwegschreiten, verfallen in schwere Krankheiten.

Mit dem „Unterlegen" verfolgt man dieselben Absichten wie mit dem Unterstreuen. Man vollführt es, indem man Theile von einem erschlagenen unreinen Thiere, insbesondere einer Fledermaus, in ein Tuch wickelt und unter die Schwelle des Hauses, in welchem der Gegner wohnt, legt.

Von den Hexen muss noch bemerkt werden, dass sie auf fernen Bergen Zusammenkünfte halten. Sie fahren zu denselben auf Ofenschaufeln und Ofenkrücken. Zum Zwecke von Zauberwerken. Weissagungen u. dgl. legen sich die Hexen zuweilen nieder; dann weicht von ihnen die Seele, und es erscheinen ihnen die dienstbaren Geister. Die Kräuter schliesslich, welche die Hexen benöthigen, sammeln sie in der St. Johannisnacht.

Wir gelangen nun zur Besprechung der Hagelbeschwörung. Dieselbe wird, wie eingangs erwähnt wurde, von Männern und Weibern geübt. Der Glaube an die Möglichkeit einer solchen Beschwörung beruht offenbar auf dem Umstande, dass man den Hagel für ein Werk des Teufels und seiner Gefährten hält, und folglich jenen wie diese durch geeignete Mittel ferne zu halten versucht. Hiebei bedienen sich manche Hagelbeschwörer eines besonderen Zauberstabes. Einen solchen kann man sich verschaffen, wenn man zufällig einem Frosch begegnet, der mit einer Schlange kämpft. Es ist dann nur nöthig, mittelst eines Stabes dieselben auseinanderzutreiben, damit derselbe die geheimnissvolle Kraft annehme. An Stelle dieser Wettergerte bedienen sich andere einer Sense, eines Beiles u. dgl. Das Bannen des Hagels kann aber in zweifacher Weise vor sich gehen: entweder im Vorhinein für das ganze Jahr. oder aber von Fall zu Fall. Die erstere Art der Beschwörung kann nur in der Weihnacht stattfinden. Der Beschwörer darf den ganzen Tag vorher nichts essen, nichts trinken, weder den Speichel von sich geben, noch sprechen. Spät in der Nacht wirft er dann alle Kleidungsstücke von sich und tritt ganz nackt auf das freie Feld. Dort beschreibt er mit dem Zauberstabe seine Kreise und sucht durch verschiedene Formeln den Hagel vor sich zu rufen. Selbstverständlich erscheint dieser nicht. und nun bricht der Hagelbanner nach seinem langen Schweigen in die Worte aus: „Sowie du jetzt meinem Rufe nicht Folge geleistet hast, so bleibe das ganze Jahr von uns fern." Damit ist die Beschwörung des Hagels für das ganze folgende Jahr vollzogen. Weiber beschwören aber

---

[1]) Vergl. übrigens einen entsprechenden Brauch beim Hausbau, S. 31.

in dieser heiligen Nacht den Hagel auf folgende Weise:[1]) Sie fasten ebenfalls streng den ganzen Tag; am Abend gehen sie aber, die Rockschürze
über dem Kopfe schwenkend, um ihre Gärten und Felder, indem sie die Be-
schwörungsformeln sprechen. In die Stube zurückgekehrt, decken sie sofort
den Tisch und setzen das Beste darauf. Dann bitten sie den Hagel zu
Gaste und ersuchen ihn zugleich, sie während des Jahres nicht zu belästigen.
Ereignen sich aber im Sommer grosse Hagelschläge, so sucht man unter
ähnlichem geheimnissvollen Thun den Hagel von den Gärten und Feldern
auf das Wasser, die Wälder oder Berge zu treiben, oder auch auf die
Gründe des Feindes. Hilft dies alles nicht, dann soll der Hagelbeschwörer
zuweilen ein Mittel anwenden, das für die Urwüchsigkeit des Volkes
charakteristisch ist: Er zeigt in gebückter Stellung dem Hagel den Hinter-
theil, und das soll die Wirkung nicht verfehlen. Uebrigens weist wohl
jedes Dorf seine Hagelbeschwörer auf. Aus Seletyn sind drei bekannt:
Jury und Fedor Biresz, ferner Petro Sokaluk. Vom Fedor erzählt man ein
allerdings beschämendes Geschichtchen: bei einer Hagelbeschwörung soll
ihm eine grosse Schlosse zwei Zähne ausgeschlagen haben. Aber über
seinen Bruder Jury, der gewöhnlich mit dem Beinamen Jurno gerufen
wird, geht eine Erzählung um, die für den starken Glauben dieser Leute
an ihre Kunst bezeichnend ist. Jurno war nämlich eines Tages auf der
Wiese des Dorflehrers mit Mähen beschäftigt, als ein arges Hagelwetter
daherkam. Alles flüchtete sich in die Wohnung des Lehrers, und auch
Jurno kam zunächst dahin. Zufällig war der Priester des Dorfes ebenfalls
anwesend, der, als der Hagel niederzufallen begann, seine Gebete her-
sagte. Jurno aber eilte zurück auf die Wiese, ergriff die Sense, beschrieb
mit derselben allerlei Figuren und sprach seine Formeln; in der That liess
das Gewitter bald nach. Selbstbewusst kehrte er nun in das Haus zurück,
und als der Pfarrer auf die Macht des Gebetes verwies, soll der Beschwörer
in so argen Zorn gerathen sein, dass er demselben zuschrie: „Ihr hättet bis
abends eure Gebete hersagen können; nur meinem Einflusse ist der Hagel
gewichen." — Noch ist zu bemerken, dass auch die Hagelbeschwörung von
Fall zu Fall von Weibern geübt werden kann. Dieselben suchen von ihren
Gärten und Feldern die Schlossen dadurch fern zu halten, dass sie bei
Hagelwetter in die eine Hand am Palmsonntag geweihte Zweige, dann
einen Besen, eine Ofenschaufel oder einen Schürhaken, in die andere aber
ein mit der Schärfe nach oben gekehrtes Beil fassen und, ins Freie tretend,
diese Gegenstände mit übereinander gekreuzten Armen emporhalten. Man
soll diese Weiber auch völlig entkleidet ihre Beschwörungen vornehmen sehen.

Am Schlusse dieses Capitels mögen einige Bemerkungen Platz finden,
die mit dem Inhalte desselben im engeren oder loseren Zusammenhange
stehen. Viele ähnliche konnten bei früherer Gelegenheit angeführt werden.

Will man eine Person allgemein verhasst machen, so verschaffe man
sich die Schlundröhre von einem Wolfe und blase durch dieselbe den be

[1]) Durch Vermittlung von Olga Kaindl.

treffenden Menschen an. Er wird dann nie mehr der Liebe und Freundschaft sich erfreuen.

Lässt man sich abwägen, so ist man fortan gegen Zauberwerk geschützt. Aber wehe einem solchen Menschen in der Sterbestunde; denn er
wird nur unter schrecklichen Qualen enden können.

Die kleine Zehe eines hingerichteten Verbrechers führen die Diebe
bei sich, um nicht ergriffen zu werden.

Ueber die Traumdeutung ist zu bemerken, dass dieselbe nicht
professionsmässig betrieben wird. Aber in den einzelnen Dörfern steht stets
das eine oder andere Weib im besonderen Rufe, die Träume richtig deuten
zu können, und diese Frauen nehmen wohl für ihre Mühe auch Geschenke an.
Als eine allgemeine Regel bei der Traumdeutung gilt, dass im Traume
Fettes, Ueppiges und Schönes von guter, Mageres, Hässliches und Dürres
von schlechter Vorbedeutung sei.

Soll sich der Huzule für einen von mehreren Plänen entscheiden, so
führt er gewöhnlich den erstgefassten aus. Hat er Zeit, so „überschläft"
(perespaty) er seine Gedanken und führt dann jenen aus, der ihm beim Erwachen zunächst einfällt. Auch Losen ist in zweifelhaften Fällen gebräuchlich, und zwar mit Kukuruzkörnern, zwei verschiedenlangen Fäden oder
mit Karten.

Auf Ahnungen hält der Huzule sehr viel. Unlust, die sich beim Beginne einer Arbeit oder einer Reise geltend macht, gilt ihm stets als ein
schlechtes Vorzeichen. Aehnliche Vorzeichen sind schon an früheren
Stellen erwähnt. Einige andere mögen hier noch aufgeführt werden.

Begegnet man Jemandem mit einem vollen Gefässe, einem vollen
Wagen oder dergleichen, so wird dies als ein glückliches Vorzeichen aufgefasst. Ist das Gefäss, der Wagen u. s. w. leer gewesen, so hat man Missgeschick zu erwarten. Oft geschieht es, dass die Huzulin, sobald sie eine
leere Kanne trägt, eine Weile stehen bleibt, um Vorbeigehenden nicht
über den Weg zu schreiten und so etwa einen Fluch für das böse Vorzeichen auf sich zu ziehen.

Wenn ein verendetes Hausthier die Zunge aus dem Maule streckt, so
ist dies ein Zeichen, dass noch andere Thiere desselben Wirthes um-
stehen werden.

Flattern und krächzen die Raben über einem Hause, so deutet dies
einen Todesfall an. Dasselbe kündigt der Schrei der Eulen an.

Wenn die linke Hand juckt, wird man bald Geld erhalten.

Wenn es im Ohre läutet, so deutet dies auf Krankheit.

Ist die Vorhersagung eines Unglückes oder dergleichen in Erfüllung
gegangen, so pflegt der Huzule zu sagen: „Er hat es in einer Unglückszeit
gesagt" *(u tychu hodynu skazau)*.

XIII.

Heilkunst.

Die wissenschaftliche Medizin und die Aerzte haben bei den Huzulen noch wenig Anerkennung gefunden. Die Ursache dieser Erscheinung ist zum Theil wohl in dem Umstande zu suchen, dass überhaupt wenige Aerzte in ihrem Gebiete ansässig sind, und diese überdies in Folge der weiten Entfernung der Kranken hohe Honorarforderungen stellen. Aber dass die Geldfrage dabei nicht allein entscheidet, geht aus dem Umstande hervor, dass die Huzulen oft ihren Quacksalbern mehr zahlen, als die ärztliche Behandlung kosten würde. In den meisten Fällen gibt also offenbar das Misstrauen gegen die neuen und das Vertrauen auf die althergebrachten Mittel den Ausschlag. Uebrigens ist es eine erwiesene Thatsache, dass die bei Behandlung von Epidemien von der Obrigkeit unentgeltlich verabfolgten Medicamente unbenützt bei Seite gelegt werden und der Huzule sich oft rühmt, der Kranke sei nur genesen, weil ihm jene Arzneien nicht gereicht worden wären. Wenn aber der bei den Holzgesellschaften beschäftigte Huzule deren Aerzte oft zu Rathe zieht und sich von diesen behandeln lässt, so ist dies nur damit zu erklären, dass er als krank ausgewiesen der wöchentlichen Unterstützung theilhaftig wird. Oft genug nimmt er das Geld und die Medizin, verbraucht aber nur das erstere und wirft letztere bei Seite. Die vom Arzte gereichten Medicamente nennt der Huzule *liky*, seine Hausmittel dagegen *dochtorszczyna*. Wenden wir uns nun der Schilderung der huzulischen Heilkunst zu.

Schon an früherer Stelle ist des Besprechens von Krankheiten Erwähnung geschehen, das Männer und Weiber üben. Sie bringen hiebei nicht nur Tränklein, Salben u. dgl. in Anwendung, sondern vor Allem auch allerlei Heilsprüche, die aber überaus geheim gehalten werden. Manche betreiben diese Quacksalberei geradezu gewerbsmässig und richten förmliche Spitäler ein. So ist vor einigen Jahren in Stebny ein ganzes Sanatorium für Syphiliskranke, das ein Weib leitete, gerichtlich aufgehoben worden. Die Heilkräuter, welche für die verschiedenen Medizinen in Verwendung kommen, werden in der Johannisnacht gesammelt, und zwar müssen sie, wie Einige behaupten, von zwölf Gärten oder Wiesen gepflückt werden. Verschiedene andere Bestandtheile ihrer Heilmittel kaufen aber die Huzulen in der Stadt bei Apothekern oder Krämern. Ferner spielt der Branntwein in diesen Medizinen eine grosse Rolle. Wenn übrigens auch einzelnen Individuen besondere Kenntniss der Heilkunst zugeschrieben wird, so kennt jeder Einzelne doch wieder eine Reihe von Mitteln, die er im Falle der Noth zur Anwendung bringt. Helfen alle diese Arzneien nicht, so lässt man vom Priester an einem Werktag eine Messe lesen, oder man leistet ein Gelübde und erhofft so von Gott Hilfe und Heilung. Auch ist es üblich, gegen Krankheiten Amulete bei sich zu tragen, wie z. B. Quecksilber in hohlen Kreuzchen, Kreuze von Messing, Messingringe, Haarschnüre, Darmsaiten, alte Münzen, gewisse Kräuter u. dgl.

Von den zahlreichen Hausmitteln mögen hier folgende genannt werden:

Kopfschmerz wird geheilt, indem man auf den Kopf so lange kaltes Quellwasser giesst, bis der Schmerz nachlässt. Rührt derselbe von der Sonnenhitze her, so legt man frische Mohn- oder Krautblätter auf die schmerzende Stelle. Auch Waschen des Kopfes mit dem Absude vom Liebstöckel soll heilsam wirken.

Gegen Augenschmerzen wendet man Befeuchten mit Muttermilch an.

Zahnschmerzen, welche nach der Ansicht des Volkes durch Würmer verursacht werden, die sich in den Zähnen gebildet haben, werden durch folgende Mittel geheilt. Man streut den Samen von Bilsenkraut auf glühende Kohlen und lässt den Rauch auf die Zähne gelangen: davon sterben die Würmer und fallen heraus. Ferner werden gegen Zahnschmerzen kaltes Wasser, Spiritus, gestossener Pfeffer und Knoblauch angewendet. Auch das Entfernen des schmerzenden Zahnes, und zwar oft in sehr roher und ungeschickter Weise, ist üblich.

Gegen Schnackerl (hekauka) wendet man folgenden Spruch an: „Schnackerl, Schnackerl, geh ins Wasser; überfalle, wen du findest, mich aber N. N. verlasse."[1]) Und weil Aufstossen den Menschen befällt, wenn jemand seiner böswillig erwähnt, so setzt man obigen Spruch folgendermassen fort: „Wer meiner erwähnte, der möge nicht zur Besinnung kommen; möge ihn ein derartiges Aufstossen befallen, dass es ihn hertreibt!"[2])

Gegen Halsschmerzen werden dünne Speckscheiben um den Hals gebunden und eine Alaunlösung zum Gurgeln verwendet. Auch die Excremente des Schweines werden zu Umschlägen insbesondere bei Diphtheritis gebraucht.

Gegen Asthma (spir, dechaweycia) wird das gekochte Herz eines Hähers gegessen.

Lungenentzündung (kolot'ba) wird geheilt durch erregende Umschläge, Ansetzen von Blutegeln, endlich durch Einreiben mit Spiritus, in dem Seife und Kampfer aufgelöst wurden.

Gegen Husten wird der Absud einer Moosart, welche von den Huzulen hraň genannt wird und die besonders auf der Czorna Hora wächst, getrunken.

Gegen Durchfall und Ruhr isst man getrocknete Heidelbeeren.

Darmverstopfung wird durch Genuss von gestampftem Glas geheilt.

Fieber (febra) heilt man durch Genuss eines Absuds aus Tausendguldenkraut, oder eines Branntweines, in dem Wermuth geweicht wurde. Auch ein Brot, das man im Ofen vergessen hatte und erst nachher wahrnahm und herausholte, soll, verzehrt, heilsam wirken.

Gegen Geschwulst wendet man Räucherung mit Wacholderbeeren an. Die Beeren werden auf glühende Kohlen gestreut und der geschwollene Körpertheil in den aufsteigenden Rauch gehalten.

---

[1]) Hekauka, hekauka, ide u wodu tcho najdesz, napady; a mene N. N. lezy.

[2]) Cżo mene zhadau aby ze ne zpamietau; aby jeho taka napała szoby jeho suda pryhnała.

Gegen Abscesse werden verschiedene Salben bereitet: Honig mit Weizenmehl, süsser Rahm mit Weizenmehl, Wachs mit Leinöl. Zur Linderung der Hitze werden Mohnblätter aufgelegt.

Warzen entfernt man durch Befeuchten mit dem Schaume des Pferdeurins.

Gegen Lähmungen, Rheumatismus und Kreuzschmerzen dienen Kräuterbäder und Einreibungen der schmerzenden Stellen mit Branntwein, der mit Kampfer und Seife aufgekocht wurde.

Verwundungen wäscht man zunächst mit kaltem Wasser und legt kalte Umschläge auf. Geht die Wunde in Eiterung über, so wendet man dieselben Mittel wie bei Abscessen an. Zur Stillung des Blutes dient folgende Essenz: Man zerreibt sehr fein Fichtennadeln, bringt das Pulver in heisses Wasser und presst den Absud durch ein Leinwandstück. Dieses Wasser soll die Blutung sofort stillen. Bei Brüchen und Verrenkungen sind Steifverbände mittelst Einlage von Baumrinde üblich. Auch wird Butter auf den Körpertheil gestrichen.

Als Brechmittel verwendet man Salzwasser, ferner den Absud aus einer Art von langem Baummoos, endlich auch menschlichen Urin; gewöhnlich steckt man den Finger in den Schlund. Urin dient auch Volltrunkenen zur Neutralisirung der Alkoholvergiftung.

Gegen Syphilis werden Quecksilberräucherungen angewendet.

Schlangenbiss wird mittelst Knoblauchs geheilt.

Schliesslich mag erwähnt werden, dass zur Abtreibung der Leibesfrucht ein Absud aus Immergrünblättern oder brandigem Korn verwendet wird. Diese Mittel dürften jedoch selten gebraucht werden, weil gefallene Mädchen unter den Huzulen weniger Aergerniss erregen.

XIV.

Kosmogonie. Himmelskörper und Naturerscheinungen.
Das Weltende.

Mit Ehrfurcht hängt der Huzule an der allgemeinen Ernährerin, der Mutter Erde *(zemla)*. Nach jedem Gebete, sei es am Morgen oder Abend, nach dem Essen oder der Kirchenandacht, küsst der fromme Bergbewohner den Erdboden.

Im Anbeginne lebten aber auf der Erde nur ganz kleine Leute; die hatten sehr lange Bärte und hiessen daher die „Ellenbärtigen" *(lcktoborody)*. Als diese Zwerge zu leben aufhörten, folgten ihnen Riesen *(veclety)*. Dieselben waren so stark, dass sie die grösste Fichte umfassen, ausreissen und wegtragen konnten. Ein Riese hob wohl auch ein Fass voll saurer Milch mit zwei Fingern auf, stellte es auf den Zaun und trank die Milch in zwei Zügen aus. Wollte ein Riese einen Kukuruzbrei kochen, so stellte er den Kessel voll Wasser an das Feuer, damit dieses aufkoche; er selbst aber lief den vielen Meilen weiten Weg nach Wiżnitz, um das Mehl zum Brei zu holen. Wenn das Wasser zu sieden begann, war auch schon der Riese mit dem Mehle da. So flink waren also diese Riesen. Aber auch ihre Körpergrösse war eine sehr bedeutende: denn sie schritten von einem Berggipfel zum andern. Da sie jedoch viele Frevel verübten, so fasste Gott den Entschluss, dieses Geschlecht durch einen vierzigtägigen Regen zu vernichten. Nur Noah sollte erhalten werden, weil er fromm war, und deshalb befahl ihm Gott, die Arche zu bauen. Vierzig Jahre lang währte dieser Bau. Als aber das Schiff fertig war, kam der Teufel und zerstörte dasselbe. Da Noah hierüber voll Trauer war, kamen zwei Wanderer des Weges; der eine derselben war Gott, der andere aber der heilige Petrus (!). Diese trösteten Noah und ermuthigten ihn, eine zweite Arche zu bauen. Noah befolgte den Rath, und nach längerer Zeit war eine neue Arche hergestellt. Da kam schon auch die Fluth, und Noah schwamm auf derselben. Der Teufel hatte sich aber in eine Maus verwandelt und nagte in den Boden der Arche ein Loch. Da wäre wohl dieselbe zu Grunde gegangen, doch die Schlange, welche Noah in die Arche mitgenommen hatte, verstopfte mit ihrem Schweife so lange das Loch, bis Noah einen Keil anfertigte und denselben in das gefährliche Loch trieb. So war die Arche und Alle, die in ihr waren, gerettet und schwammen auf dem Wasser.

Unter den Thieren, welche Noah in die Arche aufgenommen hatte, war auch der Einhornvogel *(odnorich)*. Derselbe sagte zu Noah, er wäre stark genug, um sich über dem Wasser zu erhalten; denn er könnte bis an die Wolken fliegen und werde sich auch stets in der Nähe der Arche halten. Noah gab den Bitten des Vogels nach, und dieser flog aus der Arche. Er hätte wohl auch sein Vorhaben ausgeführt, aber es setzten sich auf ihn viele Vögel, die nicht so hoch fliegen konnten; dieser Last war aber auch die Kraft des Einhornvogels nicht gewachsen, so sank er denn und ertrank. Seither gibt es keine Einhornvögel mehr.[1]) Andere sagen, dass während der Sintfluth ein Horn auf dem Wasser schwamm; auf dieses hätten sich zwei Menschen gerettet, von denen alle jetzt lebenden abstammen. Diese sind aber im Verhältnisse zu den Riesen sehr klein, und sie werden mit der Zeit noch kleiner werden, bis schliesslich die Erde wieder nur von Zwergen bewohnt werden wird. Zwölf dieser kleinen Männer werden in einem Backofen genug Raum zum Dreschen haben.

Ueber der Erde ziehen die Himmelskörper *(zirnyci)* dahin, von denen zunächst die Sonne und der Mond, ferner die Sterne und die Sternschnuppen die Aufmerksamkeit auf sich ziehen. Auf der Sonne *(sonce, soneczko)* ist immer Tag. Auch wohnen auf ihr Menschen, die auf der Stirn nur ein Auge haben. Erscheint die Sonne am Morgen plötzlich über dem Horizont *(soneczko se schopylo)*, so verkündet sie Regen. Ebenso zeigt die Sonne Regen an, wenn sie am Abend hinter Wolken so verschwand, dass man sie schon untergegangen wähnt, und dann wieder plötzlich erscheint

---

[1]) Offenbar ist die Sage auf Funde fossiler Knochen zurückzuführen.

(soneczko obisdriło se). Auf dem Monde *(misieć)* wohnen aber Wölfe, die ihn so lange fressen, bis nur ein Stückchen übrig bleibt. Dann halten sie ein mit ihrem Frass, bis der Mond sich wieder erholt hat, worauf sie von Neuem an ihm zu zehren beginnen. Sieht Jemand bei Mondschein scharf seinen Schatten an, so wird er in Zukunft sich vor nichts mehr fürchten. Vom Bilde im Monde erzählt man, dass der ältere Bruder dort den jüngeren auf der Heugabel aufgespiesst halte. Säet man zur Zeit des Neumondes, so werden die Aehren leer; versetzt man Pflanzen um diese Zeit, so werden sie in die Höhe schiessen, aber taub sein. Von den Sternen *(zwizdy)* hat bei der Geburt jeder Mensch einen erhalten. Fällt eine Sternschnuppe *(upalazirnycia)*, so ist das Licht eines Menschen ausgelöscht, und derselbe stirbt. Es ist nicht rathsam, die Sterne zu besehen; denn man stirbt sofort, wenn man den seinen erblickt. Ein Komet *(wicha)* deutet auf Krieg und grosses Sterben. Der Abendstern führt den Namen *weczirna zirnycia;* der Morgenstern heisst *denycia,* ferner *utrenna* oder *świtowa zirnycia.* Von den Sternbildern sollen die Huzulen den grossen Bären *(kuraszka),* ferner das Kreuz *(chrest)* kennen, wie sie auch die drei Sterne im Gürtel des Orion unter dem Namen *kosari* (Mäher) zusammenfassen.

Der Tag heisst *dhena,* die Nacht *nicz.* „Gestern abends" bezeichnet der Huzule mit *snocze,* „morgen früh" mit *zautra rano;* „vor Sonnenaufgang = sehr früh" mit *na zory* oder *na zorach;* „früh" heisst *dawi* oder *na dawitjach;* die Zeit um etwa 9 Uhr vormittags wird bezeichnet mit *u obid* oder *u obidi;*[1]) mittags mit *u poludny,* nachmittags *zpołudnia,* spät nachmittags *pidweczer,* der Abend mit *weczer,* wobei man hie und da noch die „kleine Schlafenszeit" *(mali zaulehy)* gegen 9 Uhr von der „grossen Schlafenszeit" *(weleki zaulehy)* gegen 11 Uhr zu unterscheiden pflegt; Mitternacht endlich heisst *piunicz.*[2]) Die Namen für die Tage der Woche *(tyżdeń, negila)* sind die rute-

---

[1]) In manchen Gegenden unterscheidet man *mali obidy* — „kleine Frühstückszeit" und *weleki obidy* — „grosse Frühstückszeit". Mit ersterem Ausdruck wird etwa die Zeit um 8 Uhr Früh, mit letzterem jene um 10 Uhr bezeichnet; doch ist zu merken, dass der Huzule durchaus nicht in Wirklichkeit zwei Frühstücke zu sich nimmt. (Vergl. S. 53.)

[2]) Die Grüsse zu den verschiedenen Tageszeiten sind folgende: Früh morgens fragt man *jek spaly* (wie habt ihr geschlafen) und antwortet *harasd, jek wy* (gut, wie ihr); zur vorgerückteren Tagesstunde lautet der Gruss *dobryj deń* (guten Tag) und der Gegengruss *dobre zdorowie* (gute Gesundheit); nachmittags wird gefragt *jek dnuvaty* (wie habt ihr den Tag zugebracht) und geantwortet *harasd, jek wy* (gut, wie ihr); abends grüsst man *dobryj weczer* (guten Abend) und antwortet *dobre zdorowie* (gute Gesundheit); der Abschiedsgruss am Abend lautet *dobra nicz, nocaujty zdorowy* (gute Nacht, nächtigt gesund) und die Antwort ist *dobre zdorowie, igit zdorowy* (gute Gesundheit, geht gesund); zu allen Tageszeiten werden die Grüsse *jek sy majety* (wie habt ihr euch), *jek duti, cy duti, jek duteńki* (seid ihr gesund) mit der Antwort *harasd, jek wy* (gut, wie ihr) gebraucht; der gewöhnlichste Gruss ist aber *slawa Jesu [Chrystu]* (Ehre sei J. [Ch.]) und die Antwort lautet *na wiki slawa* (in Ewigkeit sei ihm Ehre). Begegnet man einander auf der Reise, so wird gefragt *jek hostju* (wie seid ihr gereist und bewirthet worden) und geantwortet wird dem Weggehenden *hostju* oder *igit zdorowy* (reiset gesund). Einem Arbeitenden wird zugerufen *boże pomahaj* (Gott helfe) und geantwortet wird *dziekowat za słowo dobre, boże i wam pomahaj* (ich danke für das gute Wort, Gott helfe auch euch). Wenn jemand von einem Arbeitenden Abschied nimmt, so sagt er *robit zdorowy* (arbeitet gesund) und geantwortet wird dem Weggehenden *hostit* oder *igit zdorowy* (reiset gesund). Sieht ein Huzule Jemanden eine Kuh melken,

nischen: *ponediunok* (Montag), *wiutorok* (Dienstag), *sereda* (Mittwoch), *czetwer* (Donnerstag), *pietnecia* (Freitag), *subota* (Samstag), *negila* *(nedila)* oder *bo:a dnena* (Sonntag). Der Monat heisst *misiec*, das Jahr *rik*. Letzteres beginnt mit dem Georgsfeste, das auch als Frühlingsanfang gilt. Die Namen der einzelnen Monate sind folgende:[1] *trawyn* ·· Grasmonat (Mai); *zelyn* = Grüner Monat (Juni); *bedzyn* = Juli, nämlich der Monat, in dem das Vieh, von den Fliegen geplagt, umherspringt *(bedzkatyj)*; *kopyn* = Garbenmonat (August); *zoutv* = Gelber Monat (September); *padolest* = Monat, in welchem die Blätter fallen (October); *hrudyn* = Monat, in dem die Erdklösse hart frieren (November); *prosenve* ist der Monat, in dem der Frost „sich zu Gaste einlädt" (December); *siczyn perwyj*. d. i. der erste Monat, in dem die Kälte „schneidet" (Januar); *siczyn druhyj* oder der zweite Monat, in dem schneidende Kälte herrscht (Februar); *mart*, *marot* = März; *bereżyn* = Monat, in dem die Birke zu grünen beginnt (April). Gerechnet werden die Monate in der Regel von Neumond zu Neumond. Grössere Zeitläufte werden nach bemerkenswerthen Begebenheiten ziemlich schwerfällig berechnet. Ein oft genannter Zeittermin ist das „schwere" oder „Hungerjahr" *(tieszkyj* oder *holodnyj rik)* 1866/67, in dem Cholera und Hungersnoth herrschte. Das Jahr seiner Geburt vermag der Huzule selten anzugeben, noch weniger den Tag derselben. Besser erinnert er sich des Jahres, in dem er in den Militärdienst trat. Innerhalb des Jahres nennt man zum Zwecke einer Zeitbestimmung grössere Feiertage, Fastenzeiten, Jahrmärkte, ferner sind auch Ausdrücke gebräuchlich, wie „während des ersten Heindelns",[2] „während des zweiten Heindelns", „als man schon erntete" u. dgl. *(na perszy sapanie, na druhy sapanie, jek u!e zberaly).*

Ueber den Donner *(hrim)* und den Blitz *(molnia)* ist schon an einer früheren Stelle gehandelt worden, als des Donnerfesttages und des Donnergottes Elias Erwähnung geschah. Zu merken ist noch, dass das vom Blitz entflammte Feuer viel heisser ist als das irdische, weil es von Gott kommt. An solchem Feuer sich beräuchern zu lassen, ist sehr heilsam. Blitzschlag und in Folge desselben entstandene Feuersbrunst gilt aber als Strafe Gottes für begangene Sünden. Blitzt es in einem Jahre sehr oft, so wird die Obsternte spärlich ausfallen. Auch die Meteorsteine *(hromowyci)* rühren vom heiligen Elias her; es sind nämlich Steine, die er zerschlägt und hinabwirft.

Ueber die Beschwörung des Hagels *(hrad, tucza, chmil*,[3]) wurde schon früher ausführlich gesprochen. Er ist ein Werk des Teufels oder dessen

---

wo sagt er *dijty bohato melsta* (möget ihr viele Milch melken). Vom Ostersonntag bis Christi Himmelfahrt *(spasa)* wird gegrüsst *Chrystos ostres* (Christus ist auferstanden) und geantwortet *oistyno* oder *waidyno ostres* (er ist in Wahrheit auferstanden). Hat ein Huzule den Hauswirth ausserhalb des Hauses begrüsst, so wiederholt er beim Eintreten in die Hütte nochmals den Gruss. Beim Eintreten in das Vorhaus pflegt der Gast, um sich anzumelden, die Worte *a u chati!* (ist man) im Hause) auszurufen; die unserem „Herein!" entsprechende Antwort lautet *u chati!* (man ist) im Hause.

[1] Die folgenden Erklärungen der Monatsnamen rühren von Herrn G. Hanicki her.

[2] Heindeln = Behacken des Kukuruz.

[3] Letztere Bezeichnung zählt offenbar zu jenen umschreibenden Benennungen gefürchteter Objecte, wie sie der Huzule mehrfach anwendet. (Vergl. oben S. 83 f. über die Namen des Teufels und

menschlicher Hypostasen, der Vampyre und Hexen. Die Schlossen soll sich
der Teufel von der Czorna Hora holen. Auf diesem Berge befindet sich
auch ein Meerauge: wirft man in dasselbe Steine, so hagelt es. Wie der
Teufel, kann auch der Hagel beschworen werden, und zwar von Männern
und Weibern und in verschiedener Weise. Auch mit Weihwasser allein
kann man übrigens den Hagel ebenso wie den Teufel vertreiben; man
spritzt dasselbe zu diesem Zwecke von einer Anhöhe nach der Richtung,
woher das Wetter naht.

Auch den Regen *(doszcz)* kann man willkürlich herbeiführen. Es gibt
hiefür mehrere Mittel. Entweder wirft man auf dem Friedhofe ein Kreuz
um, oder man hängt eine Maulwurfsgrille *(mydwedyk)* an einem Faden in
die Luft, oder endlich wirft man einen Mohnkopf in einen Brunnen oder
eine Quelle. Auch wenn man Gras mit der Hand rauft, wird es regnen.
Vor Allem treten aber heftige Regengüsse ein, wenn ein Mensch ertrinkt.
Auf Regenwetter deutet es, wenn das Wasser von frischgereinigten Fischen
roth ist, wenn die Flöhe heftig beissen, der Rauch sich niederschlägt, die
wilden Gänse oder der Grünspecht im Fluge schreien, der Rabe sich
badet, wenn die Frösche quaken, wenn die Berge zu „rauchen" anfangen,
d. h. sich in Nebel hüllen. Für „es rieselt" hat der Huzule den Ausdruck
doldżvt.

Erscheint der Regenbogen *(reyselryczka),* so hört es wohl bald zu
regnen auf. Da aber derselbe auch Wasser aus dem Flusse trinkt, so kann
es in Folge dessen wieder regnen. Steht an der Stelle, an welcher der
Regenbogen trinkt, ein Mensch, so kann er mit aufgesaugt werden. Saugt
aber der Regenbogen einen Mann auf, so gibt er diesen an seinem anderen
Ende als Weib wieder heraus, und umgekehrt.

Den Schnee identificirt der Huzule völlig mit dem Winter *(zema).* Er
sagt *zema pade* für „es schneit" und *zema u kolina* = knietiefer Schnee.
Ueber den Einfluss der Baba Jeudocha und der Vampyre auf die Schneestürme ist an früheren Stellen gehandelt worden.

Heftige Winde entstehen, wenn sich Jemand durch Erhängen das
Leben nimmt. Heult der Wind oder braust es im Walde, so ist Wetter-
wechsel zu erwarten.

Auf bevorstehende Gewitter deutet es, wenn Schweine mit Stroh-
halmen im Maule umherlaufen und dabei laut grunzen; tragen sie aber
das Stroh auf ihr Lager, so soll dies ein Zeichen sein, dass ein strenger
Winter bevorsteht. Sturm tritt ein, wenn man von Pferden träumt;
eine Herde Schafe zeigt im Traume den Eintritt lang anhaltenden
schlechten Wetters an; wird schliesslich von Fischen geträumt, so steht
ein Frost bevor. Um heftige Gewitter zu vertreiben, wirft man am Palmsonntag geweihte Zweige oder geweihtes Basilienkraut, ein Horn oder einen
Wollappen ins Feuer, man läutet die Kirchenglocken oder legt die Ofen-

---

unten im Cap. XV. die Benennungen des Bären, des Wolfes und der Schlange.) Mit *chmil* bezeichnet
der Huzule den Kümmel und den (wilden) Hopfen. Nach den eiförmigen Blütenständen des letzteren
dürfte der Hagel den Namen erhalten haben.

7*

schaufel und die Ofenkrücke *(łopała i koczerha)* gewöhnlich kreuzweise vor das Haus.

Fliegende Herbstfäden deuten an, dass der Herbst ein langer und schöner sein werde. Andere Wetterregeln sind schon an früheren Stellen angeführt worden.[1] Um klarzulegen, wie das Volk die Wetterregeln mit der natürlichen Lage des Ortes in Verbindung bringt, möge eine Reihe von solchen Regeln, die in Sergie aufgezeichnet sind, mitgetheilt werden. Bemerkt sei noch, dass diese Gemeinde im oberen Thale der Putyliuka liegt, welche im Allgemeinen von Süd gegen Nord abfällt. Ziehen die Winde gegen Osten, so tritt günstige Witterung ein; dasselbe gilt von Winden, die gegen Westen wehen. Nordwinde deuten auf kalten Regen, Schnee oder Frost. Wenn bei einem Gewitter gegen Norden ein heller Streifen am Himmel zu sehen ist, so steht ein Landregen bevor; ist der Streifen hingegen im Süden sichtbar, so tritt bald wieder schönes Wetter ein. Günstige Witterung verkündet auch der Schrei der Nachteulen vom östlichen Thalgelände; ertönt derselbe aber am westlichen Abhange, so ist andauerndes Unwetter zu gewärtigen.

Den rauhen Rückschlag des Wetters im März sucht das Volk durch die Sage von der Baba Jeudocha zu erklären, welche wir bereits früher kennen gelernt haben. Als Ursache der Fröste aber, die zuweilen noch im Mai auftreten, wird Folgendes erzählt: Der Monat Juni hatte schon längst dem Monate December einen Besuch abstatten wollen. Lange musste aber dieser Plan unausgeführt bleiben, denn der Juni wusste nicht, welches Fahrzeuges er sich dazu bedienen müsste, um zum December gelangen zu können; führe er mit dem Wagen aus, so konnten Schneewehen eintreten, dass er eines Schlittens bedurft hätte; und wäre er mit dem Schlitten ausgefahren, so konnte es leicht geschehen, dass zufolge plötzlichen Thauwetters er nun in einem Kahne ans Ziel hätte gelangen können. Diese Bedenken hielten also den Juni lange von seiner Reise ab. Schliesslich fiel es ihm aber ein, dass er sich beim Monat Mai guten Rath erholen könnte. Er begab sich in der That zu ihm, und dieser rieth ihm. Wagen, Schlitten und Kahn auf die Reise mitzunehmen. Mit Hilfe dieses klugen Rathes gelang es dem Juni nun wirklich dem December seinen seit jeher zugedachten Besuch abzustatten. Dieser, überrascht und erzürnt über den unerwarteten Umschwung der Dinge, demzufolge es dem Sommermonat möglich geworden war, den Winter aufzusuchen, forschte nach dem Urheber des Frevels. Und als er erfahren hatte, dass es der Monat Mai gewesen, der durch seinen Rath dem Juni den Ueberfall ermöglicht hatte, beschloss er, sich an ihm zu rächen. Er thut dies aber, indem er demselben zuweilen seine rauhen Fröste sendet, die so vielen Schaden anrichten.

Frischem Wasser wird besondere Heilkraft zugeschrieben. Wird es vom Priester geweiht, so vermag es den bösen Geist und Alles, was von ihm ausgeht und mit ihm in Verbindung steht, fern zu halten; es dient da-

[1] Vergl. S. 96 u. 99.

her auch zum Bannen des Hagels und wird beim Entzaubern behexter Kühe verwendet; der Kranke, der sich mit Weihwasser wäscht, fühlt sofort Erleichterung; auch werden mit diesem Wasser die Bienenstöcke besprengt, bevor die Bienen zum ersten Mal ausschwärmen, damit diese dem Stocke nicht untreu werden. Das Wasser, welches zwischen den Füssen der vereisten Jeudocha auf der Czorna Hora hervorquillt,[1]) zeichnet sich besonders durch seine Güte aus. Im Moldawitzathale wird von einer Quelle erzählt, die sich in dem höchsten Gebirgstheile befindet, und deren Wasser ein überaus hohes Alter erreichen lässt; doch wachen böse Geister über derselben und deshalb kann man sie nicht finden. Weit merkwürdigeres Wasser findet man in den heissen Ländern: dies ist nämlich das Lebenswasser, das zerstückte Körper entweder wieder ganz *(isciluszcza wodu)* oder lebend macht *(zcwuszcza woda)*. Dasselbe befindet sich auch in den Ohren von Schlangen, die einen Diamant am Kopfe tragen, sowie in den Ohren der grossen Raben.

Von den Meeraugen *(odzero)* geht manche Sage um. In der Gemeinde Jablonitza befindet sich auf dem sogenannten Hrebeniszczak Tworilecz ein Bergsee, dessen Oberfläche etwa zehn Quadratklafter beträgt. Einst soll an der Stelle, wo gegenwärtig das Meerauge sich befindet, das Gehöfte eines reichen, aber auch sehr harten Mannes gestanden sein. Als derselbe eines Tages am Hofe mit seinem Beile an einer Arbeit stand, kamen zwei Bettler daher und flehten um ein Almosen. Der reiche Mann war aber gegen alle Bitten taub, ja er warf selbst mit seiner Axt nach den Armen. Da begann es sofort zu blitzen und zu donnern, das Gehöfte versank, und es entstand der See. — Ein anderes Meerauge befindet sich in der Gemeinde Storonetz-Putilla. Von demselben wird erzählt, dass in der Nähe des Ortes, den gegenwärtig der See einnimmt, einst eine alte Kirche stand; auf der Stelle des Sees selbst erhob sich aber der Glockenthurm derselben. Als man einst daran ging, eine neue Kirche zu erbauen, entstand zwischen den Kirchenbrüdern ein arger Streit wegen des Platzes, auf welchem der neue Glockenthurm erbaut werden sollte. Als der Zank immer heftiger wurde, versank plötzlich der alte Glockenthurm, und indem er immer tiefer sank, füllte sich die entstandene Höhlung mit Wasser. — Ein drittes Meerauge befindet sich endlich auf der Czorna Hora. Wer in dasselbe hineingerathen würde, den zieht „es" bei den Füssen immer tiefer hinein, so dass er unrettbar verloren ist. Es ist schon auch oben bemerkt worden, dass man in diesen See keine Steine werfen dürfe, weil hiedurch Hagelwetter hervorgerufen wird.

Am Ende aller Dinge wird die Erde versinken, nur Wasser wird sein, und eine undurchdringliche Finsterniss wird herrschen. Nach der Meinung Anderer aber werden die Sterne auf die Erde fallen und alles in Brand setzen. Noch Andere erzählen schliesslich, dass der Wind gegen einen hohen Berg mit ungewöhnlicher Stärke wehen werde; dadurch wird

[1]) Vergl. S. 86.

ein heftiger Regen entstehen, der alles vernichten wird. Während dann alles Lebende seinen Tod in den Fluthen findet, erwachen die Todten, und das jüngste Gericht hebt an.

———

XV.
Thiere und Pflanzen.

Unter den Thieren gibt es reine und unreine. Zu den ersteren zählen ausser den Hausthieren besonders noch die Wachteln, Spatzen, Haselhühner, Rebhühner, Drosseln, Schnepfen, Auerhühner, Birkhühner und die Häher, ferner die Hasen, Rehe und Hirsche, endlich auch die Fische. Unter die unreinen Thiere werden aber der Geier, die Krähe, die Elster, dann die Sumpfvögel und die Spechte, ferner das Wiesel, Eichhörnchen, der Bär, Wolf und Fuchs, schliesslich besonders noch die Fledermäuse und Mäuse überhaupt gezählt. Aber auch jedes umgestandene Thier und ferner jedes getödtete Thier an der Stelle der Wunde ist unrein.

Die Hausthiere sprechen in der Neujahrsnacht, nach Anderen in der Weihnacht mit einander. Zumeist glaubt man auch, dass die Thiere in der Sprache ihres Wirthes reden; Andere sagen aber, die Menschen könnten die Thiere nicht verstehen. Einig ist man darüber, dass der Mensch dem Gespräche der Thiere nicht lauschen dürfe, weil er sonst sterben müsste. Einst hatte sich ein Wirth unter dem Heu versteckt, um seine Ochsen zu belauschen. Da hörte er, wie die Thiere ihm den baldigen Tod prophezeiten, und kaum, dass er seinen Angehörigen dies mitgetheilt hatte, starb er auch. — Von den Hausthieren gehen beim Hausbaue günstige Orakel aus. Streckt aber ein verendetes Hausthier die Zunge aus dem Maule, so deutet dies auf den bevorstehenden Tod anderer Viehstücke.

Ueber den Kuhzauber u. dgl. ist schon bei früherer Gelegenheit gehandelt worden.

Den Köpfen von Pferden wird eine ganz merkwürdige Kraft zugeschrieben. Befestigt man nämlich einen Pferdekopf an einer Stange und stellt ihn in einem Garten auf, in welchem Kraut gepflanzt ist, so wird dasselbe von den Raupen verschont bleiben. Auch in Knoblauchpflanzungen bewährt ein Pferdeschädel seine Kraft, indem er die Würmer fern hält. Träumt man von Pferden, so steht Sturm bevor. Pferdeurin findet in der Volksmedizin Verwendung.

Schweine gelten als Wetterboten;[1]) ihr Dünger wird zu Heilzwecken benützt.

Sieht man im Traume Schafe, so deutet dies an, dass langdauerndes schlechtes Wetter eintreten werde.

Für eine Katze, welche ein Huzule sich etwa von seinem Nachbar erbittet, gibt er diesem zuweilen ein kleines Geldgeschenk und eine Nadel,

———

[1]) Vergl. S. 99.

wahrscheinlich zu dem Zwecke, um der Freundschaft desselben nicht verlustig zu werden. Auch ist es in manchen Gegenden üblich, dass die Dienstboten über ihre Zeit hinaus unentgeltlich noch eine Woche für die Katzen und eine weitere für die Hunde dienen. Auch der Kukuruzhalm trägt gewöhnlich nur zwei Kolben, einen für den Hund, den anderen für die Katze. Kommt eine fremde Katze in ein Haus und bleibt gutwillig daselbst *(prystaje)*, so gilt das als Vorbedeutung guten Glückes. Hingegen gilt unter den Orakeln beim Hausbau das Bellen der Hunde als ein Zeichen bevorstehenden Unglückes.

Der Maus ist schon in der Sintfluthsage Erwähnung geschehen. In ihrer Gestalt hat der Teufel das Loch in die Arche genagt. Sie gilt daher ebenso wie die Fledermaus *(hyłyk)* als unrein.

Das Fett vom Bären und Wolf dient als Heilmittel. Um auf den Bären mit Erfolg zu schiessen, soll man die Kugel weihen lassen. Den Namen des Bären *(medwid)* nennt das Volk ebenso wie den des Teufels ungern und gebraucht zur Bezeichnung dieses gefürchteten Gegners gewöhnlich das Wort *wujko* (Onkelchen), oder es nennt ihn *welekij*, d. h. den Grossen, während es den Wolf als *matej*, d. h. den Kleinen, bezeichnet. An früherer Stelle ist bereits des Heulens der Wölfin in der St. Georgsnacht und des Wolftages Erwähnung geschehen. Ebenso ist bereits gesagt worden, dass das Anblasen eines Menschen durch die Schlundröhre eines Wolfes denselben verhasst mache. Auch am Mond leben Wölfe.[1]

Vom Wiesel *(łasycia, łasyczka)* wird behauptet, dass dasselbe giftig sei. Sein Biss gleicht in Form und Wirkung dem einer Schlange; Menschen und Thiere sollen ihm sehr rasch erliegen; die ersteren verwundet es übrigens nur an der Ferse. Tödtet Jemand ein Wiesel, so rächen die anderen dasselbe an den Herden des Uebelthäters. Deshalb hüten sich die Huzulen überaus, einem Wiesel ein Leid anzuthun, und überdies feiern sie auch das Wieselfest, dessen schon oben Erwähnung geschah.

Wie diese Thiere, so erfreuen sich bei den Huzulen auch die Schlangen *(hadyna, pohanka, nechar, douha, douhanka)[2]* besonderer Verehrung. In der Sintfluthsage wird denselben die Rettung der Arche und des Menschengeschlechtes zugesprochen. Ferner darf eine Schlange nicht getödtet werden, weil sonst die Eltern sterben würden oder der Viehstand Schaden litte. Wer an einem Feiertage arbeitet, den wird sicher die Schlange beissen; auf einen solchen Gottlosen lauert sie auch oft ein Jahr, bis sich ihr günstige Gelegenheit bietet. Von Schlangen beigebrachte Bisswunden werden mittelst Knoblauch geheilt. Man darf es aber nie wagen, eine Schlange mit Knoblauch zu berühren, denn sonst beisst sie sofort. Ein Stückchen von einer Schlange, in dem Kolben der Flinte verwahrt, zieht das Wild heran. Es gibt auch Schlangen, die noch Niemanden gebissen haben; diese versammeln sich am Kreuzerhöhungstage und tragen Kronen oder Edelsteine auf dem Kopfe.

[1] Man vergl. auch S. 75 über die Wetterprophezeiung des Bären am Feste Christi Darstellung.

[2] Zu den Bezeichnungen *douha* und *douhanka* = die Lange, vergl. die Anm. 3, S. 98.

Diese Königinnen der Schlangen heissen *kolvei*. Der Besitz ihrer Krone macht den Menschen unendlich reich. Ueber das Entstehen derselben erzählt man aber, dass die versammelten Schlangen so lange zischen, bis einer von ihnen die Krone am Kopfe entstand. Ferner gibt es auch geflügelte Schlangen *(żertwa)*. Sie sind so stark, dass sie unter dem Flügel einen Menschen tragen können, den sie dann auch verschlingen. Eine derartige „Żertwa" hat auch der heilige Georg getödtet. Vor vielen Jahren ist aber eine geflügelte Schlange auf der Riza bei Sergie gesehen worden. Sie sah mit ihren Flügeln wie eine brennende Fackel *(łusznyciu)* aus, und es flogen von ihr Funken. Aus einer Schafherde zog sie aber mit dem Schweife die Schafe an sich und verzehrte von denselben nur die Euter. Aehnliche schreckliche Schlangenungeheuer sind die *żmiji*. Erinnert sei noch daran, dass man bei Gelegenheit eines Kampfes zwischen einer Schlange mit einem Frosche sich einen Wetterstab verschaffen könnte.

Das Quaken der Frösche während des Baues eines Hauses gilt als unglückverheissend; dasselbe deutet auch auf Regen.

Träumt man von Fischen, so wird Frost eintreten.

Des Einhornvogels *(odnorich)* ist in der Erzählung von der Sintfluth bereits Erwähnung geschehen.

Krächzen der Raben und Eulen in der Nähe des Hauses deutet auf einen bevorstehenden Todesfall. Beim Beginne des Baues eines Hauses gilt überdies der Schrei jedes Vogels als unglückverheissend. Sowohl Raben als Eulen dienen übrigens auch als Wetterboten.[1]

Wer eine Schwalbe tödtet, dem stirbt die Mutter.

Der Specht *(douna, doubacz)* kennt die Springpflanze, und nur mit seiner Hilfe kann man in den Besitz derselben gelangen. Zu diesem Zwecke sucht man das Nest eines Spechtes auf, in dem seine Jungen liegen, und verschliesst dasselbe mit einem Keile. Findet der Specht den Eingang versperrt, so fliegt er davon und holt die Pflanze. Mit dieser berührt er den Keil, und sobald derselbe herausgesprungen ist, lässt er sie fallen. — Das Fleisch eines Spechtes darf man nie geniessen, denn der Mensch würde damit alle Sünden auf sich laden, die der Vogel durch das Hacken der Bäume und Dächer an Sonn- und Feiertagen verübt hat. Schreit der grüne Specht im Fluge, so steht Regen bevor.

Das Herz des Hähers *(soja, sojka, dzoja)* wird als Mittel gegen Asthma gegessen.

Im Meere wohnt ein Hahn, der nach Mitternacht zu allererst kräht. Ist dies geschehen, so fühlen alle Hähne auf der Erde alsbald unter den Flügeln ein Kitzeln und beginnen ebenfalls zu krähen. Kräht aber ein Hahn während der Geburt eines Kindes, so gilt dies als schlechtes Vorzeichen. Schon früher ist erwähnt worden, dass Eier, welche am Feste Mariä Verkündigung und zu Ostern gelegt werden, zum Ausbrüten nicht genommen werden sollen, weil die Hühnchen krüppelhaft sein würden. Einer Henne

[1] Vergl. S. 96 f. Siehe auch S. 101 über das Lebenswasser.

soll man aber nicht an einem Orte, wo sie Jedermann sieht, das Nest bereiten, weil Mancher ein böses Auge hat und die Küchlein nicht hervorkommen würden. Auch ist noch zu erwähnen, dass an den Wochenfasttagen, d. i. am Mittwoch und Freitag, keine Eier aus dem Hause gegeben werden dürfen, damit der Geier die Hühner nicht hole. Hühnerdünger gilt als Schutzmittel gegen den bösen Blick. Ueber „Teufelseier" ist schon an früherer Stelle gehandelt worden. Wenn die Wildgänse im Fluge laut schreien, so deutet dies auf bevorstehenden Regen.

Hört man im Frühjahr den Kuckuck *(zazula)* zum erstenmale rufen, und bricht derselbe, sobald man zu horchen beginnt, sofort ab, so wird man bald sterben. Hat man beim ersten Kuckucksruf, den man hört, Geld in der Tasche, so wird man das ganze Jahr hindurch keinen Mangel haben. Der Kuckuck hört auf zu schreien, sobald er Gerste oder, nach Anderer Meinung, Buchecker gegessen hat. So lange der Kuckuck noch ruft, soll man keine Hochzeit feiern, denn die Ehe würde unglücklich sein.

Das Heimchen *(swerszczok, konyk)*, darf nicht getödtet werden, weil dies Unglück zur Folge haben würde.

Hängt man eine Maulwurfsgrille *(mydwedyk)* an einem Faden auf, so wird es regnen.

Schaben *(szwab, prus)* darf man nicht todtschlagen, weil ihre Brüder sie dadurch rächen würden, dass sie ins Essen fallen.

Die Spinnen umziehen in der Luft die heilige Jungfrau Maria mit ihrem Gewebe *(pautynie)*, daher sollen sie getödtet werden. Spinngewebe in den Stubenwinkeln deuten nach der Ansicht Mancher auf baldige Ankunft von Werbern; Andere nehmen dies als ein Zeichen, dass man sich vor Feinden hüten müsse.

Um die Bienen *(bżoła)* an ihrem Stocke festzuhalten, besprengt man diesen mit Weihwasser. Wie streng Bienendiebstähle im Jenseits bestraft werden würden, ist bereits bei einer früheren Gelegenheit mitgetheilt worden.

Findet sich auf einer Baustelle ein Hügel rother Ameisen *(muraszka)* so ist dies ein glückverheissendes Zeichen; schwarze Ameisen deuten hingegen auf Unglück.

Beissen die Flöhe *(błocha, blecha)* heftig, so deutet dies auf Regen. Damit im Hause nicht viele Flöhe seien, darf man am Christabend den Weizen nicht mit Mohn essen. —

Von den Pflanzen ist bereits öfter erwähnt worden, dass viele derselben zu Heil- und Zauberzwecken verwendet werden. Diese Pflanzen werden indess so sehr geheim gehalten, dass es schwer fällt, dieselben einzeln kennen zu lernen. Es ist bereits auch erwähnt worden, dass diese Kräuter in der St. Johannisnacht gesammelt werden.

Eine mit ganz besonderen Kräften ausgestattete Pflanze ist zunächst der Knoblauch. Er schützt sowohl gegen bösen Blick als auch vor bösen Geistern, heilt Zahnschmerz und gilt als vorzügliches Mittel gegen Schlangenbiss. Der Türkenknoblauch *(turskyj czisnok)* gilt insbesondere als ein Mittel zum Entzaubern verhexter Kühe. Näheres hierüber ist bereits an früheren Stellen angeführt worden.

Ebenso ist bereits der Silberpappel *(osyna)* Erwähnung geschehen. Dieselbe ist „wirksam gegen den Bösen" *(dobra protiu czorta)*. Kreuze aus ihrem Holze gelten als Amulete gegen alles Schlechte. Auch wird ein Stück dieses Holzes oft in der Stube über dem Thürpfosten angebracht, um dem Teufel den Eintritt zu wehren. Ein aus diesem Holze gefertigter Keil hält endlich den Vampyr im Grabe fest.

Den rothen Hornstrauch *(swyd; cornus sanguinea)* darf man nicht neben dem Hause dulden, weil er Unglück bringt.

Das Basilicum *(wasylok)* wird beim Liebes- und Wetterzauber, ferner als Heilmittel verwendet; auch in den Sarg streut man mit Vorliebe dieses Kraut.

Zweige *(beczky)* von der Weide *(werba)*, welche am Palmsonntag geweiht wurden, sind ein vorzügliches Mittel gegen alles Böse. Sie werden in der St. Georgsnacht und ebenso in der St. Johannisnacht zur Abwehr der Hexen angewendet; ferner gelten die Kätzchen von denselben als Heilmittel für verhexte Kühe; endlich dienen sie beim Wetterzauber.

Die Sahlweide *(iwa)* ist ein verfluchter Baum, weil ihr Holz sich bei der Kreuzigung des Heilands zu Nägeln verwenden liess. Die anderen Bäume und Sträucher hatten sich dagegen gesträubt, indem die aus ihrem Holze gefertigten Nägel zersprangen oder stumpf wurden.

Aus den Zweigen des *wajderewo* wurde die Dornkrone Christi geflochten; unter dieser Bezeichnung wird aber bald der Sauerdorn *(hlij)*, bald wieder die Hundsrose *(swerbywus)* verstanden.

Wer Eicheln *(żer)* isst, kann den Verstand verlieren.

Unter Holunderstäuchern *(bzyna)* haust der Teufel; deshalb soll man nie einen solchen Strauch entwurzeln. Thut man dies, so könnte der gereizte Teufel dem Menschen das Leben nehmen oder ihm wenigstens an seinem Gute Schaden zufügen.

Von der Springpflanze und deren Gewinnung ist schon oben berichtet worden.

Die Blüthe des Farnkrautes *(peporot)* ermöglicht das Aufsuchen verborgener Schätze. Man kann dieselbe finden, wenn man in der Nacht vor St. Johannes (vergl. S. 78) zwischen Farnkraut schläft; denn dieses blüht nur in der Geisterstunde dieser Nacht.

Eine Moosart, welche insbesondere auf der Czorna Hora wächst und die von den Huzulen *hraú* genannt wird, soll, als Thee getrunken, ein vorzügliches Mittel gegen Husten sein.

Wirft man einen Mohnkopf ins Wasser, oder rauft man Gras mit der Hand, so regnet es.

Taube Gurkenblüthen muss man auf Kreuzwegen mit Ruthen schlagen; dann werden die Gurkenpflanzen reichlich Früchte tragen.

Der Kukuruz *(kukurudza)* bildet die Hauptnahrung der Huzulen. Von ihm erzählt man Folgendes: In früheren Zeiten trug der Kukuruzhalm

viele Kolben; da gab es Ueberfluss an Mehl. Aber die Menschen wurden
gar übermüthig und böse, so dass Christus den Beschluss fasste, sie durch
Vernichtung des Kukuruz zu strafen. Da baten die Menschen, er möge
doch den Kukuruz wenigstens für Hund und Katze bestehen lassen. Dies
bewilligte denn auch der Heiland; aber seither wachsen zumeist nur je
zwei Kolben an demselben Stengel. Noch sei bemerkt, dass man Kukuruzkolben, nachdem sie entkörnt worden sind, nicht verbrennen darf, weil
sonst im nächsten Jahre der Kukuruz an Brand *(holowni)* zu Grunde gehen
würde.

Bricht man Obst von den Bäumen, so muss man stets wenigstens
eine Frucht am Baume lassen, damit derselbe auch im nächsten Jahre
Früchte trage. Blitzt es in einem Jahre besonders viel, so ist kein Obst zu
erwarten. Bevor man von einer Frucht geniesst, muss man davon den
Armen schenken *(za prosty bih daty)*. Früchte, welche im Spätsommer
reifen, werden am Feste Christi Darstellung geopfert.

XVI.
Volksdichtung.

Mit den Schöpfungen der huzulischen Volkspoesie in ungebundener Rede,
mit ihren Sagen. Mythen und Legenden ist der Leser bereits in den vorstehenden Abschnitten vertraut geworden. Auf ihre Dichtung in gebundener
Form wurde wohl an einzelnen Stellen ebenfalls hingewiesen; doch schien
es angemessen, derselben ein besonderes Capitel zu widmen.

Die Huzulen sind im Allgemeinen wenig sangesfroh. Man hört sie bei
der Arbeit selten singen, ebenso auf dem Wege, ausser wenn sie trunken
sind. Nur bei besonderen Veranlassungen, insbesondere bei Festlichkeiten,
welche mit Trinkgelagen verbunden sind, dann in den Spinnstuben, und
ferner zur Zeit des Weihnachtsfestkreises und bei Leichenbegängnissen sind
Gesänge allgemein üblich. Sonst hört man meistens nur die Mädchen singen
(„Frauenstrophen").[1] Diese und wohl auch Weiber scheinen am Abende oft
durch ein Lied dem Geliebten das Stelldichein zu verrathen, wo er sie
finden könnte. Die Melodie der Lieder ist eintönig; ebenso wiederholt sich
fast unabänderlich die Form der Strophen; doch sind dieselben zumeist
sehr gut gebaut. Von inniger, schwermüthiger Gefühlsdichtung findet sich
nur ziemlich wenig, wie wohl manches Vorzügliche; der epische Ton ist vor-
herrschend. Humor und Witz macht sich in vielen Liedern geltend. Ein
grosser Theil ist obscön. Die meisten sind wohl Gelegenheitsgedichte.
Ausser den Liedern *(spiwanky)* kommen noch die Räthsel *(zahadky)* und
sprichwörtlichen Redensarten *(prepowitky, prepowistky)* in Betracht.

---

[1] Uebrigens kommt es vor, dass manche Lieder sowohl von Burschen als auch von Mädchen
mit geeigneter Aenderung gesungen werden; so z. B. Nr. 10.

Nach diesen drei Gruppen ordnen wir unseren Stoff an. Die Uebersetzungen sind möglichst wortgetreu. Die grosse Zahl der Verkleinerungswörter, die für die Sprache der Iluzulen charakteristisch ist, wurde absichtlich beibehalten.

Lieder.

1. *Na tim boci pry potoci*
   Waterka pałaje;
   Igit chłopci do diuczyny,
   Diuczyna umeraje.

   Auf dieser Seite beim Bache
   Brennt ein Feuerchen;
   Geht, Burschen, zum Mädchen,
   Denn das Mädchen stirbt.

   A ja pryjszou do diuczyny,
   Diuczyna se duje,
   A ja szapku na hołouku:
   Naj ty mat' morduje!

   Und ich kam zum Mädchen,
   Das Mädchen bläst sich (thut stolz),
   Da setzt' ich wieder die Mütze auf den Kopf:
   Mög' Dich die Mutter tödten!

   (Jawornik.)

---

2. *Oj, bolyt my hołowońka*
   Tuj meży płyczyma,
   Tryba meni dochtoryka,
   Z czornymy oczyma.

   O, es schmerzet mich das Köpfchen
   Und zwischen den Schultern,
   Ich benöthige einen Arzt
   Mit schwarzen Augen.

   Ta ne toho dochtoryka,
   Szo win dochtoruje,
   Ałe toho dochtoryka,
   Szo łyczko ciłuje.

   Aber nicht einen Arzt,
   Welcher Medicin verschreibt,
   Sondern jenen Arzt
   Der das Antlitz küsst.

   (Allgemein bekannt.)

---

3. *Iszou hucuł z Kołomyji*
   A huculka z bani (Bahni)
   Siły sobi pid smericzku
   Zrobyty snidani.

   Es ging ein Huzule aus Kolomea
   Und eine Huzulin aus der Saline (aus Bahna).
   Sie setzten sich unter das Fichtchen,
   Um ein Frühstück zu halten.

   Taj ne toto snidaneczko,
   Szoby posnidaty,
   Ałe toto snidaneczko,
   Szoby ciłuwaty.

   Aber nicht ein solches Frühstückchen,
   Dass man dabei esse,
   Vielmehr ein Frühstückchen,
   Dass man dabei küsse.[1]

   (Dstie, Plytya.)

---

[1] Saepius loco „osculare" canunt „futuere". — Tenor alius carminis est: In hac parte ad rivum equa pascitur futuit Huzulus Huzulam | ut pileus *(kuczma)* vibret. — Similes versiculos permultos habent. Um zum Ausdrucke zu bringen, dass ihm ein Weib geeignet erscheine, um mit ihm einen Liebeshandel einzugehen, sagt der Hurule: „dobra na pypas", d. h. sie ist gut zum (Rasten und) Futtern unterwegs. Das obige Lied ist eine gelungene Illustration dieses Ausdruckes.

4. *Dajut my jisty,*
A ja ne holodna,
Mene sylujut za odiucia,
A ja parubka hodna.

Man gibt mir zu essen,
Und ich bin nicht hungrig,
Sie zwängen mir einen Witwer auf,
Und ich will einen Burschen.

Dajut my jisty, pyty,
Taj posylytyty,
A ne dajut na parubka
Sze i podywytyty.

(*Jasieno gorny.*)

Man gibt mir Speis' und Trank,
Damit ich mich labe,
Lässt mich aber auf den Burschen
Nicht einmal schauen.

---

5. *Sedyt potie na woroti*
A druhy na kladci,
Kobyl znala moja mamku,
Szo meni na hadci.

Es sitzt ein Vogel am Thore,
Ein anderer auf dem Steig,
Wenn du wüsstest, mein Mütterchen,
Worüber ich sinne.

Oj meni na hadci,
Szobych se widdala,
Jabych swoji holowoczci
Prestanoczok dala.

O, ich sinne darüber,
Damit ich mich vermähle,
Ich möchte für mein Köpfchen
Eine Ruhestätte gewinnen.

A ja jila kalenoczku,
Taj kapnula raz, raz,
Ja hadala moja mamko,
Szo widdanij harazd.

Als ich ass die Vogelbeere,
Tropfte sie einmal,
Und ich glaubte, meine Mutter,
Dass Heiraten Glück sei.

Pokie ja bula u mamki,
Kuda itzla spiwala;
A jek se widdala,
Usi pozabuwala.

(*Jasieno gorny.*)

So lange ich war beim Mütterchen,
Sang ich auf jedem Schritt und Tritte;
Aber seit ich mich vermähle,
Ist Alles vergessen.

---

6. *Bidna moja holowonka,*
Szo ja narobyla,
Polubyla wiuczyryka
Za bukatu sera.

O, mein armes Köpfchen,
Was hab' ich gemacht,
Geliebt habe ich ein Schafhirtlein,
Für ein Stück Käse.

A ja ukuszu toho zercia,
Serec solodeńkyj,
Podywiusy na wiuczera,
Wiuczer molodeńkyj.

Und ich beisse diesen Käse,
Und der Käs ist süss,
Und ich blicke nach dem Schäfer,
Der Schäfer ist jung.

A wiuczeru, zolotaru,
Pokień ty jehnyci,
Budut ty lubyty,
Fajni molodyci.

O, Du Schäfer, Du goldener,
Lasse sein die (weiblichen) Schafe.
Es werden Dich lieben
Schöne Mädchen.

A wiuczeru, zolotaru,
Pokień wiuci pasty. —
A ja uże ne pokienu,
Ja sy nauczyu krasty.

O, Du Schäfer, Du goldener,
Höre auf Schafe zu hüten. —
O, ich lasse es niemals bleiben,
Denn ich habe bereits stehlen gelernt.

Ja u popa ukrau barana,
A u pana jehnyciu,
Deniu te nazad sebe,
Kladut szebenyciu.

(Jasien iv górny.)

Beim Priester stahl ich ein männliches Schaf,
Beim Herrn ein weibliches,
Blicke ich hinter mich,
Errichtet man (schon) den Galgen. [1]

---

7. Kuje my zazulka
Wit bani do bani,
Kototylci na tobwci
Na mojim Iwani.

Na remene blenda
— — — — — — —
Takie maju sokoletko,
Szo usim dïubam kryuda.

A tak by uny vydily
Switta bilenkoho,
Jek by ja jim darowala
Swoho mylenkoho.

Tak by uny vydily
Pid prypiczkom dryucia,
Jek by ja jim darowala
Swoho czornobryucia.

(Jasien iv górny.)

Es ruft der Kuckuck
Von Salzquell zu Salzquell;
Zieraten sind an der Tasche
Meines Iwans.

An dem Riemen aber Bleche,
— — — — — — —
Solch ein Fältlein habe ich,
Dass es allen Mädchen zum Neid gereicht.

O, so sollen sie erleben
Das helle Tageslicht,
Wie ich ihnen schenken möchte
Meinen Liebling.

O, so sollen sie schauen
Holz unter dem Herde,
Wie ich ihnen schenken möchte
Meinen Schwarzbräunigen.

---

8. A haspody my pomoży
Do czeritwa dopasty,
Molodoho Michajłyka
Na wita pokłasty.

Michajła na wita,
Iwana na pana
A Lena na kasira,
Sidarida dana!

(Jasien iv górny.)

O, möge Gott mir helfen
Zur Regierung zu gelangen,
Und das junge Michelchen
Als Dorfvorsteher einzusetzen.

Den Michel als Dorfvorsteher,
Den Johann als Herrn,
Und den Lesiu als Cassier,
Sidarida dana!

---

9. Ne żyt my sy podywyty
Na toty dwory,
Jek mij Lesiu zaprihaje
Sywi koni u swory.

A konyki zaprihaje,
Maleńka mu uzda,
A jek ja jeho ne wyżu,
Wetyka my nużda.

(Jasien iv górny.)

Nicht überdrüssig wird mir das Schauen
Auf diesen Hof,
Wie mein Lesiu einspannt
Graue Pferde ins Geschirr.

Ja, die Pferde spannt er ein,
Klein sind ihm die Halfter;
Aber wenn ich ihn nicht sehe,
Ist mir's grosses Leid.

---

[1] Diebe und Räuber suchten ihre Zuflucht bei den Wirthen auf den Almen und wurden dort wohl auch selbst Wirthe. Darauf mag im Liede hingedeutet sein.

10. *Oj, kuje my zazula,*
    Ta kuje tarkatyj,
    Lubylabych ty teginiu,
    Kobyś ne smarkatyj.

O, es ruft mir der Kuckuck,
Es ruft der gefleckte,
Lieben würde ich Dich, Jüngling,
Wärest Du nicht rotzig.

   Oj, kuje my zazula,
   Sarze kuje sywyj,
   Lubylabych ty teginiu,
   Kobyś ne płakiywyj.

O, es ruft mir der Kuckuck,
Es ruft noch der graue,
Lieben würde ich Dich, Jüngling,
Wärest Du nicht weinerlich.

(Jasienow górny)

---

11. *A ja lubyu diuczynoczku,*
    Totu Fedoru,
    A una sobi tendy tendy
    Po pid czornu horu.

O, ich liebte ein Mädchen,
Jene Fedora,
Und sie schlendert dahin
Unter dem schwarzen Berg.

   A ja lubyu diuczynoczku,
   Diuczynoczka mene,
   Stari ne chotily daty,
   Diuczynu za mene.

Und ich liebte das Mädchen,
Und das Mädchen mich,
Die Alten wollten nicht geben
Das Mädchen mir.

   Staryj chotiu, staryj chotiu,
   Stara nechotila,
   Staryj babu makohonom,
   Stara poletila.

Der Alte wollte, der Alte wollte,
Die Alte aber nicht,
Da schlug der Alte sie mit dem Reibholz,
Und sie flog davon.

   A bidna ma hotowoczka,
   De babba segila?
   Cilu niczku za prepiczkom
   Jek kit workotila.

O, mein armes Köpfchen,
Wo ist die Alte gesessen?
Die ganze Nacht hinter dem Ofen
Schnurrt sie wie die Katze.

(Jasienow górny)

---

12. *Nykołaju, umeraju,*
    Biże po horiuku,
    Ta ne bere mału fleszku,
    Less bere barzuku.

Nikolaus, ich sterbe,
Laufe rasch um Branntwein,
Nimm doch nicht die kleine Flasche,
Sondern nimm das Fässchen.

(Allgemein bekannt)

---

13. *Ja połych hromadyla,*
    A ty melyj iszou wozom.
    Barzo budesz banuwaty
    Na swij durnyj rozum.

Ich habe das Heu gerecht,
Und du, Lieber, fuhrst mit dem Wagen;
Bald wirst du dich ängstigen
Wegen deines thörichten Sinnes.

   Jek sobi zaspiwaju,
   Hołosom kozeju,
   Ty se lecho sprawujesz,
   Barzo ty tezeju.

Wie ich mir singe
Und mit der Stimme trillere;
Du führst dich schlecht auf,
Bald lasse ich dich im Stich.

Perszyj raz my se lubyly,	Beim erstenmale liebten wir uns,
Ty meni se łastyu,	Und du hast mich liebkost,
Druhyj raz mene ciłuwau,	Beim zweitenmale küsstest du mich,
Jek medom namastyu.	Wie mit Honig geschmiert.
Tretyj raz mene ciłuwau,	Das drittemal küsstest du mich
To ne z swoji łaski.	(Schon?) nicht aus deiner Güte.
Ne po prawdi zomnou żyje,	Wer nicht mit mir redlich verfährt,
Ne dittau by paski.	Bekommt keinen Osterkuchen.

(*Sergie.*)

— —

14.

Zaszumyła bukowyna,	Es erbrauste der Buchenwald,
Jek se rozwywała;	Als er sich entfaltete;
Zapłakała diwczenoczka,	Und es weinte das Mädchen,
Jek se widdawała.	Als es heiratete.
Ne szumy bukowynu	Brause nicht, Buchenwald,
Dosta testu bud. ;	Genug der Blätter wirst Du haben;
Ne płacz diwczynoczku,	Weine nicht, Mägdelein,
Sej ty harazd budy.	Folgendes ist Dein Schicksal. (?)
Zapłakała diwczynoczka	Es weinte das Mägdelein
U perszyj poniediunok;	Zum erstenmal am Montag,[1]
Zdojmyły diwczynoczci,	Als man dem Mägdelein nahm
Z hołowy zołotyj berwinok.	Vom Kopfe das goldige Immergrün.
Zapłakała diwczynoczka	Es weinte das Mägdelein
U druhyj wiuterok;	Zum zweitenmal am Dienstag.
Zdojmyły uże jiji	Schon machte man ihm
Hadok powerch zorok.	Mehr denn vierzig Vorwürfe.
Zapłakała diwczynoczka	Es weinte das Mägdelein
U tretu seredu;	Zum drittemal am Mittwoch;
Bje pusta doła	Schon schlägt es der böse Mann
U łece z peredu.	Ins Gesicht von vorn.
Zapłakała diwczynoczka	Es weinte das Mägdelein
U czetwer czetwertyj,	Zum viertenmal am Donnerstag.
A pusta doła bje	Und der böse Mann schlägt,
Taj uże kistky tre.	Dass die Knochen brechen.
Zapłakała diwczynoczka	Es weinte das Mägdelein
U piatu piatnyciu;	Zum fünftenmal Freitag;
Hodi zaklekaty	Schwer ist es zu rufen
U robotu pianciu.	Zur Arbeit den Säufer.
Zapłakała diwczynoczka	Es weinte das Mägdelein
U szestu sobotu;	Zum sechstenmal Samstag;
H. di zaklekaty,	Schwer ist es, zu rufen
Pustu dołu na robotu.	Den bösen Mann zur Arbeit.

---

[1] Die Trauungen finden am Donnerstag oder Sonntag statt. Am Tage darauf, in unserem Falle also am Montag, wird dem Mädchen der Brautkranz aus Immergrün genommen und dasselbe mit dem Tuche, dem Abzeichen der Weiber, bedeckt.

Zaplakala diwczynoczka	Es weinte das Mägdelein
U semu nedilu;	Zum siebentenmal am Sonntag;
Hodi zaklekaty z korczmy	Schwer ist es zu rufen aus dem Wirthshaus
Pianeciu zawediju.	Den Säufer, den Bösewicht.

U mojim horodczyku	In meinem Gärtlein
Trawa poczornila;	Ist das Gras verdorrt;
Za toji pianiuhy	Wegen dieses Säufers
Zinka zaczornila.	Ist das Weib verdorben.

(Sergie.)

15.
Ty umre lubko z ranku	Du stirb früh, mein Liebchen,
A ja u dnenku,	Und ich sterbe abends,
Ta szo by nas pochowaly	So dass man uns soll begraben
U odnu domowenku.	In ein gemeinsam Häuschen.

Szo by nas pochowaly,	So dass man uns mag begraben
U odyn hroboczok,	In ein gemeinsam Gräblein,
Malowanyj chrestoczok,	Mit einem bemalten Kreuzchen
U konec holowoczok.	Am Kopfende.

Ta mut ludy ity,	Und die Leute werden gehen
Howaryty sobi,	Und einander sagen,
Jeky lube zakohani,	Welches traute Liebespaar
Lezyt u hrobi.	Liegt in diesem Grabe.

Szo by nas pochowaly	Und dass man uns mag begraben,
U kupi holowamy,	Kopf an Kopf zusammen,
Szo by bula rozmowoczka	Dass ein liebes Plaudern herrsche
Na tim świti znamy.	Auf jener Welt zwischen uns.

(Sergie.)

16.
Naj sobi zaspiwaju,	Singen soll ich mir,
Poky molodenka;	So lange ich jung bin;
Tohdy budu gazduwaty,	Wirthschaften werde ich schon,
Jek budu starenka.	Bin ich einmal alt.

Tohdy budu gazduwaty,	Dann werde ich wirthschaften,
Na pezi segity,	Werde am Ofen sitzen,
A rozumom powodyty,	Mit dem Verstande werde ich leiten,
Najko robie gity.	Dass die Kinder (es) thun sollen.

(Sergie.)

17.
A ty lubes pyrohy,	Du liebst Mehltaschen,
A ja warenyci;	Und ich liebe Klössen;
A ty lubes molodyzu,	Du liebst einen Jüngling,
A ja diwczynyci.	Und ich eine Jungfrau.

(Sedelyci.)

18. *Witer waje, sonce hreje,*
Chmara ne puskaje;
Ludy katut, szo ja chłopec,
A ja żinku maju.
                    (*Seletyn.*)

Es weht der Wind, die Sonne wärmt,
Die Wolke lässt sie aber nicht durch;
Die Leute sagen, ich sei ein Bursch,
Und ich habe ein Weib.

19. *Aj paneczu, ja was kłeczu,*
Ja was potrebuju,
Moju mamku nema domku,
Ja was poceluju.
                    (*Seletyn.*)

O mein Herrchen, ich bitte Euch,
Ich möchte Euch brauchen,
Mein Mütterlein ist nicht zu Haus,
So werde ich Euch küssen.

- - - -

20. *Iszły diwky z Sokoliuki*
Ta koleso ukraly,
Oj ponesły u Riczku
Za horiwku daly.

Mädchen gingen aus Sokoliuka
Und stahlen ein Rad,
Trugen es nach Riczka
Und gaben es für Branntwein.

Oj daj meni szynkareczko,
Dobroji horiwki,
Bo ja cese koczuju
Aż z Sokoliuki.
                    (*Jasieniów górny.*)

O gib mir, Du Wirthlein,
Guten Branntwein,
Denn ich habe es gerollt
Weither bis aus Sokoliuka.

21. *Bohacz se zfudulyu,*
Szo duże bohatyj;
Win sobi pokazuje,
Szo nemy umeraty.

Der Reiche ward übermüthig (stolz),
Weil er so reich sei;
Er bildete sich ein,
Dass er nicht sterben werde.

Bohacz ore czysty pole
Hołubymy woły,
Każy szo ne zejde
Na bidu nikoły.

Der Reiche ackert ein reines (gutes) Feld
Mit grauen Ochsen,
Er behauptet, dass er nie
Ins Unglück gerathen werde.

Jek prejszła boża smert'
Bohacza stenaty,
Bohacz bidnym ne dopłatyu
Ne mały skonaty.

Als aber Gottes Tod kam,
Um den Reichen niederzumähen,
Da konnte der Reiche nicht sterben,
Weil er die Armen verküret hatte.

Bidnych se tilko zejszło
Jek u pole troszczy;
Bohacz ne mich skonaty,
Szo ne proszyu proszczy.

Dieser Armen versammelten sich so viel
Wie Schilf am Riede;
Der Reiche konnte nicht sterben,
Weil er nicht um Verzeihung bat.

„Smerty moja luba
Podaruj teta meni,
U mene pasyt stado konej
Na pański dołyni.

„Tod, mein lieber,
Schenke mir das Leben,
Mir weidet eine Herde Pferde
Auf den herrschaftlichen Niederungen.[1]

---

[1] Unter „Pańska dołyna" könnte auch eine Ebene in Alt-Kuty oder das Dorf Słobodzia Banilla (am Czeremosz, unterhalb Wiżnitz) gedacht sein.

Pasyt stada konej,
Towar kolo chaty,"
Smert' toła ne petaje
Less ch'czy stynaty.

Es weidet eine Herde Pferde.
Vieh ist bei der Hütte." —
Gottes Tod fragt aber nicht,
Sondern will ihn niedermähen.

Smert' ne petała,
Ta bohacza skła;
Lezeła se wit bohacza
Bohacka marlena.

Der Tod fragte nicht,
Und schnitt den Reichen nieder;
Da blieb von ihm zurück
Des Reichen Vieh.

Płatiut za podzwiny
Zołotymy hrizzmy;
Hospody miłoternyj,
Jekyj bohacz hrisznyj!

Man zahlt für das Todausläuten
Mit goldenem Gelde;
Gott, barmherziger,
Wie sündig ist der Reiche!

Porwałyse postoronky,
Pobyłyse dzwony,
Jekyj bohacz hrisznyj,
Naj hospod boreny!

(Sorge.)

Es zerrissen die Glockenstränge,
Es sprangen die Glocken;
Wie sündig ist der Reiche,
Gott mag es verhüten![1])

· · ————

22. *Legin mołodenkyj*
Jek na kupcia kłenuu,
Z pistolety wemyryje
Jeho u hrudy hrynuu

Sobald der junge Bursche
Den Kaufmann erblickte,
Zielte er mit der Pistole
Und schoss ihn in die Mitte der Brust.

Jek win u neho hrynuu
Win se pokoczyu;
Za jeho towaryszom
Hori teckem skoczyu.

Sobald er ihn getroffen hatte,
Fiel derselbe nieder;
Er aber sprang nach dessen Gefährten
Mit erhobenem Kopfe.

Wiłetiły z Stanisława
Pobieta dyunij,
Wiszły u Putyłowu
Żouniri kinnij.

Es flogen aus Stanislau
Wunderliche Vögel,
Es kamen nach Putilla
Berittene Krieger.

Wiszły u Putyłowu,
Stały sud sudyty;
„Cze można nam u Putyłowi
Seło ukupyty."

Sie kamen nach Putilla
Und begannen Rath zu halten:
„Ob sie in Putilla
Die Siedelung kaufen könnten."

....Można i ne można,
My tut useteli.""
„Ubyły bratia druky
Kupci prechożeli,

....Möglich ist's und nicht möglich,
Wir sind hier (schon) ansässig.""
„Es tödteten schlechte Brüder
Durchreisende Kaufleute.

[1]) Das Zerreissen der Glockenstränge und das Springen der Glocken beim Todausläuten gilt als Zeichen, dass der Verstorbene ein Sünder sei. Vergl. das Cap. XVII.

8*

My jich ubyły,	Wir haben sie (die Kaufleute) getödtet,
Mnoho z nych uziely;	Nahmen viel von ihnen;
Dwa koni woronij	Zwei Rappen
Z hriszmy usadyły."	Beluden wir mit Geld."[1]
Treba daty konewy	Dem Pferde muss man geben
Sina taj obroku,	Heu und Hafer,
Meni mol domu	Mir, dem Jüngling,
Bilenkoho boku.	Eine weisse Seite (ein Mädchen?).
Traba daty ot konewy	Ja, man muss dem Pferde reichen
Sina taj otawy,	Heu und Krummet,
Meni molodomu	Mir, dem Jüngling, aber
Knesziu taj smytany. (Sergie)	Kuchen und Rahm.

---

23. *U temnim lisi, u temnim lisi,*	Im finsteren Walde
Pid typoju, pid typoju,	Unter der Linde
Stoje major, stoje major,	Steht der Hauptmann
Z diuczynoju, z diuczynoju;	Mit dem Mädchen;
Stoje, stoje, hej dumaje,	Er steht und sinnt,
Szo robyty z neuku maje.	Was er mit ihm beginnen solle.
„Hej, ty diuczy, semoricznaa,	„Nun, du Mädchen, siebenjähriges,
Shadaj meni sim zahadok,	Löse mir die sieben Räthsel,
Izhadajesz, moja budesz;	Lösest du sie, wirst du mein sein,
Ne izhadajesz, czuza budesz.	Lösest nicht sie, bleibst du mir fremd.
Szo to bityt bez prchonu?	Was läuft ohne Antrieb?
Szo to łwityt jasnu zoru?	Was leuchtet gleich dem hellen Morgenstern?
Szo to krutyt kruch deryucia?	Was windet sich um den Baum?
Szo to patyt bez zareny?	Was brennt ohne zu verkohlen?
Szo to zyjet bez druzeny?	Was lebt ohne Gefährtin?
Szo to hrajet, slis nemajet,	Was spielt und bereitet ohne Thränen
Zelu serciu zaudajet?"	Dem Herzen Schmerzen?"
„Jakyj ty takyj, majorski senu, dum-	„O, wie bist Du, Hauptmanns Sohn, so ein-
nyj, dumnyj!"	fältig!"
Widhadky:	**Auflösungen:**
„Woda bityt bez prchonu,	„Das Wasser läuft ohne Antrieb,
Misiec łwityt jasnu zoru,	Der Mond leuchtet gleich dem lichten Stern,
Chmil se krutyt kruch deryucia,	Der Hopfen windet sich um den Baum,
Sonce patyt bez zareny,	Die Sonne brennt ohne zu verkohlen,
Zoumr zyjet bez druzeny,	Der Soldat lebt ohne Gefährtin,
Strepka hrajet, slis ne majet,	Die Geige spielt, hat keine Thränen,
Zelu serciu zaudajet!" (Selatyn.)	Und verursacht doch Schmerz!"[2]

---

[1] Das Lied ist unklar. Deuten wir es richtig, so schildert dasselbe eine Episode aus der Geschichte der Besiedelung des Huzulengebietes. Es wird ein Raubmord begangen, die Mörder und deren Sippe flüchten sich ins Gebirge, schildern ihre Lage und finden Unterkunft. Unter den berittenen Kriegern, die vogelschnell aus Stanislau nach Putilla kamen, können Verfolger der Räuber nicht gedacht sein, denn was soll dann die Frage, ob sie sich in Putilla ansiedeln könnten?

[2] Der Mann, welcher im halbtrunkenen Zustande das Lied singend recitirte, leitete dasselbe mit einer prosaischen Erklärung ein und unterbrach es auch öfters durch nichtssagende Erläuterungen. Dies verdient als ein Merkmal der volksthümlichen Rhapsoden angemerkt zu werden.

24. He, u krasnim misti
Isla diuka u danec,
Aj, tota bodnareczka,
U'sida una na pered.

I skazaly, i skazaly
U'si dobri ludy:
Tikaj, tikaj, bodnareczko,
Harazd ty ne budy.

U'tikala bodnareczka
Hustymy mistamy:
Za neu, za neu dwa wounery
Z holemy szablamy.

Odyn idyt, taj dupocze,
I druhyj iszou tycho:
„Ne tikaj bodnareczko,
Ne budyt ty tycho.“

Odyn imyu za ruczki,
A druhyj za kosy:
„Leszy byty, bodnareczko“,
Kazyt, „budy dosta.“

Ne izpustyly bodnareczku,
Na poli stupaty,
Ale na niu ute panoczek
Kresi namiraty.

„Ty lipszy, bodnareczko
Zomnou niczku spaty,
Ty lipszy, bodnareczko
Jek smertu zateraty.“

„„Woli meni, panoczku,
Smertu zateraty,
Jek iz wami u chati
Temnu niczku spaty.““

Taj uderet ute panoczek
Kresi pit za wucha,
U'czyncta se bodnareczka,
I slipa i klucha
(Seletyn)

Hei, in der schönen Stadt
Ging das Mädchen zum Tanz:
O, des Fassbinders Töchterlein
Allenthalben ging voran.

Und es sprachen, und es sprachen
Alle guten Leute:
Fliehe, fliehe, Töchterlein,
Glück wird Dir nicht zu Theil.

Und es floh das Mädchen
Durch die dichte Stadt,
Hinter ihm zwei Krieger
Mit gezückten Säbeln.

Einer geht und stampft,
Der Andere läuft stille:
„Flieh' nicht, Mägdelein,
Kein Unheil widerfährt Dir.“

Einer fasst sie bei der Hand,
Der Andere beim Zopfe:
„Lass' ab zu schlagen, Mädchen“ —
Sagt er — „es ist dessen genug.“

Sie liessen nicht das Mägdelein
Auf das freie Feld treten,
Vielmehr schlug auf sie schon an
Das Herrchen die Flinte.

„Besser ist es Dir, Mägdelein,
Mit mir ein Nächtlein zu schlafen,
Besser ist es, Mägdelein,
Als den Tod zu erleiden.“

„„Lieber will ich, Herrchen,
Den Tod erleiden,
Als mit Euch in der Stube
Eine dunkle Nacht schlafen.““

Da lehnt schon auch das Herrchen
Die Flinte unters Ohr,
Bald wurde des Fassbinders Töchterlein,
Blind und taub.[1]

---

[1] Dieses Lied verräth sich schon in seiner Charakterisirung des Mädchens als nicht huzulischen Ursprungs; es ist vielmehr rutenisch. Als Variante des weitverbreiteten Liedes mag es hier immerhin mit einiger Berechtigung veröffentlicht werden. Einige völlig verwirrte unverständliche Strophen am Schlusse sind fortgelassen worden.

25. *Ne dyuyse moja mamko na meny,*
    Zarobyla ja cee wincayk u teby,
    Kupyu meni N. N. wincayk u Lwowi,
    Dau za neho tam try czerwoni
    Za odncho kupyu holku,
    Za druhoh› kupyu szouku,
    A za tret›ho berezinku,
    Ta zmahaje se N. N. za žinku.
    (Hochzeitslied aus Sergie; vergl. S. 18.)

Schau nicht (neidisch) mich, Mütterchen, an,
(Redlich) habe ich bei Dir dies Kränzchen verdient.
N. N. hat es mir in Lemberg gekauft.
Drei Ducaten gab er dafür.
Für einen kaufte er die Nadel,
Für den zweiten die Seide,
Für den dritten aber Immergrün,
Und begehrt nun N. N. zum Weibe.

26. *Jidu suda, jidu tuda,*
    Korczmu ne menaju:
    Dawaj żydy horiwoczki
    Less hroszi ne maju.

Ich fahre hin, ich fahre her,
Am Wirthshaus geh' ich nicht vorbei:
Gib, Jude, Branntweinchen,
Doch Geld habe ich nicht.

Dawaj żydy horiwoczki,
Dawaj żydy wutki.
A żydiuka zaraz każy,
Szo po sztery dutki.

Gib, Jude, Branntwein,
Gib, Jude, Schnaps.
Da sagte die Jüdin sogleich
Er koste vier „Dutki“.[1]

A ja żyda za borodu,
Taj wediu do pana:
A żydiuka zaraz każy,
Szo horiuka tana.
(Russ.-M-Hawetza.)

Da ergriff ich den Juden beim Bart,
Um ihn zum Herrn zu führen;
Gleich sagte nun die Jüdin,
Dass der Branntwein billig sei.

Räthsel.[2]

1. *Szoukowyj klubok,*
   Sem u nim dirok!
   (Holou)

Ein seidener Knäuel mit sieben Löchern?
(Der Kopf.)

2. *Bity pole, kul na nim ore, czorny nasinie,*
   mudre jeho sije:
   (Papir, pero, antrament, pesar.)

Ein weisses Feld, eine Gans ackert dasselbe,
der Same ist schwarz, ein Gelehrter säet ihn?
(Papier, Feder, Tinte, Schreiber.)

3. *Szo za hist,*
   Szo sam sebe jist! (Palueza swieczka.)

Was für ein Gast, der sich selbst verzehrt?
(Die brennende Kerze.)

4. *Bez ruk, bez nich, taj kepeluch meczyt!*
   (Witr.)

Ohne Hände, ohne Füsse, und doch wirft es
den Hut ab? (Der Wind.)

[1] *Dudyk*, ungesetzliche Münzbezeichnung für zehn oder zwanzig Kreuzer. Vergl. S. 48 Anmerkung 3.

[2] Die Räthsel Nr. 1—17 aus Seletyn; 18—24 aus Sergie. Mit dem unverstandlichen Worte *szimbala* pflegt man in der letzteren Gemeinde die Aufmerksamkeit der Zuhörer auf das folgende Räthsel zu lenken.

5. *Chto jeho robyt,*
Nepotrebujet jeho;
Chto jeho kupujet,
Ne chocryt jeho;
Chto jeho potrebujet,
Nezmajet za neho? (*Derewezscze.*)

Wer es macht,
Braucht es nicht;
Wer es kauft,
Will es nicht;
Wer es braucht,
Der weiss nichts davon? (Der Sarg.)

6. *Satery ridni brati, a u odyn hornec usi sztery strilejut?* (*Dijki.*)

Vier leibliche Brüder sind es, die insgesammt in ein Gefäss schiessen?
(Die Zitzen des Kuheuters.)

7. *Wesa wezyt,*
Choda chodyt.
Wesa upadyt,
Choda uchopyt? (*Zer, swenia.*)

Ein Hängendes hängt,
Ein Gehendes geht,
Das Hängende fällt,
Das Gehende erhascht es?
(Eichel, Schwein.)

8. *Tato szcze se ne rodyu, a syn uże na switi?* (*Dym.*)

Der Vater ist noch nicht geboren, und der Sohn ist schon auf der Welt?
(Der Rauch [beim Anfachen des Feuers].)

9. *Matenka, krewenka, taj uwse pole isztukurdało?* (*Kosa.*)

Klein und krumm, und glättet das ganze Feld? (Sense.)

10. *Priszła „padupoła",*
Taj uzieła „kiudiakoła",
„Jeczmynky" uczuły,
Siły na „wiuszamiłe"?

Es kam der Wolf (*padupola* genannt, weil er schweren Trittes übers Feld geht) und nahm das Schaf (*kiudiakota* nach dem Schrei der Lämmer genannt), die Menschen (*jeczmynky* — Gersten-esser) hörten es und setzten sich auf die Pferde (*wiuszamile* — Haferfresser).

11. *„Szuszyry" u lisi, a „szuszyrczecha" u misci, „szuszyryniecsko" u horodi?*

Der Stempel (nämlich zum Reiben des Mohnes; offenbar ist diese Bezeichnung ebenso wie die zwei folgenden von dem Geräusche genommen, das beim Reiben des Mohnes in der Schüssel entsteht) ist im Walde (nämlich: gewachsen), die Schüssel in der Stadt (nämlich: gekauft), der Mohn im Garten.

12. *Za lisom sira „turana" rezyt?* (*Trembita.*)

Hinter dem Walde brüllt eine graue *turana*?[1] (Das Alphorn.)

13. *Powna beczka wena,*
Bez obruczia, bez dna,
A szo by jeho poprosyły,
Na ni majstra nema? (*Jejce.*)

Ein volles Fass Wein,
Ohne Reifen, ohne Boden,
Und es gibt keinen Meister,
Der es ausbessern könnte? (Das Ei.)

14. *Kin bredyt, a woda stanyt?* (*Warstat.*)

Das Pferd watet, und das Wasser bleibt stehen? (Die Werkstatt?)

---

[1] Wie *turana, turjens* zu erklären sei, konnte ich nicht bestimmt erfahren. Offenbar ist aber an rumänisch *taur* — *taurus*, Stier zu denken.

15. *Sztery brati bilut, bilut, a odyn druho ne može dohonyty?* (*Kolesa wid voza.*)

Es laufen vier Brüder; einer kann aber den andern nicht einholen? (Die vier Wagenräder.)

16. *Maleńka, czorneńka, taj kolody kiwajet.* (*Blocha, czołowik.*)

Es ist klein und schwarz und kann Klötze rühren? (Der Floh, der Mensch.)

17. *Bez ruky, bez nohy, taj na pid lizy.* (*Dym.*)

Ohne Hand, ohne Fuss, und doch steigt es auf den Dachboden? (Der Rauch.)

18. *Szimbala, szimbala! Jek zahadaju, tak ne zadhadajesz?* (*Zamok.*)

Sobald ich mir es denke, erräthst Du es nicht? (Das Schloss.)

19. *Szimbala, szimbala! Wiszou kiń zahirski, taj zarżau po kiński?* (*Hrim.*)

Es kam hervor das Pferd hinter den Bergen und wieherte nach Pferdeart? (Der Donner.)

20. *Szimbala, szimbala! Meze dwona horamy dwa barany se bjut?* (*Dzwony.*)

Zwischen zwei Bergen stossen einander zwei Widder? (Die Glocken.)

21. *Szimbala, szimbala! Pouna buła, pouna wena?* (*Jejce.*)

Ein volles Fass, und zwar voll mit Wein? (Das Ei; vergl. Nr. 13.)

22. *Szimbala, szimbala! Czemu zajecz bojitse biłsze biłoho jek dublenoho psa?* (*Bo win hadaje, szo bilyj hołyj bizyt*)

Weshalb fürchtet der Hase mehr einen weissen als einen braunen Hund? (Weil er glaubt, dass ersterer nur im Hemd läuft, also ihn leichter einholen werde.)

23. *Szimbala, szimbala! Kotryj hrebiń ne z kosty?* (*Kohutowyj hrebiń.*)

Welcher Kamm ist nicht von Bein? (Derjenige des Hahnes.)

24. *Szimbala, szimbala! Za lisom, za pralisom turjena reczyt?* (*Trembita.*)

Hinter dem Walde, hinter dem Urwalde brüllt eine *turjena*? (Das Alphorn; vergl. Nr. 12.)

Sprichwörtliche Redensarten.[1]

1. Wenn man Jemandem, der ohnedies schon sehr in Anspruch genommen ist, noch weitere Arbeiten zumuthet, ihn belästigt:

Tyč pańka u oku, a pańko i tak ślipy = Stich das Herrchen ins Auge, und das Herrchen ist ohnedies schon blind.

2. Bei zweideutigen Vorhersagungen, Wetterbestimmungen u. dgl.:

Na dwoje babka worożyła,

Abo umre, abo budy żyła = Zweideutig hat das Grossmütterchen geweissagt; entweder werde es sterben oder werde es leben.

[1] Die Redensarten sind in Jasienów, Uścieryki, Sergie und Seletyn gesammelt. Der Vollständigkeit halber und wegen des Zurseitestellens des Urtextes werden im Folgenden auch viele schon bei früheren Gelegenheiten genannte wieder angeführt. Redensarten von nur sprachlichem Interesse bleiben einer anderen Arbeit vorbehalten. Einzelne, deren Text schon gedruckt ist, habe ich in dieser Zusammenstellung nicht wiederholt, trotzdem sie an früheren Stellen in Uebersetzung erscheinen.

3. Wenn Jemand störrisch ist, dass man mit ihm nicht handelseinig werden kann, u. dgl.:

Ne u plil, ne u worota = Nicht in den Zaun, nicht in das Thor.

4. Wenn man von Jemandem über etwas in lästiger Weise überflüssige Aufklärungen erhält:

Ne ucze mene plakaty = Lehre mich nicht weinen.

5. Um mitzutheilen, dass man mit Arbeit überbürdet sei:

Peszczyt robota = Die Arbeit schreit.

6. Um den hohen Werth eines friedlichen Nachbars auszudrücken:

Dobryj susid, jek dobryj chlib = Ein guter Nachbar ist wie gutes Brot.

7. Um auszudrücken, dass etwas ausserordentlich, über die Mittel und den Stand sei:

Ne prosto z mosta, ale strim holowou = Nicht einfach von der Brücke (nämlich: mit den Füssen voraus hinuntergesprungen), sondern kopfüber.

8. Wenn Jemandem etwas gelingt, was man nicht erwartet hat, was seine Kenntnisse und sein Wissen überragt:

Bohu diekuwaty świetomu,

Szo dau jisty pustomu = Dank sei dem heiligen Gott, der dem Taugenichts Essen gab.

9. Um auszudrücken, dass man auf das Urtheil, die Meinung gewisser Personen nichts gebe:

Komu se ne udam, naj mene ne swataje = Wem ich nicht gefalle, der mag um mich nicht werben.

10. Wenn man Undank erntet oder für eine Hilfeleistung Undank zu erwarten hat:

Roby komu dobre, luby jemu żinku; — [bere jeho gitko; naj sobi sam lubyt!] = Erweise einem Gutes, lieb' ihm sein Weib; — [hole ihn der Teufel; mag er sich es selbst lieben!]

11. Wenn man Jemandem Unrecht thut und ihm das Klagen verbietet:

Bjut, taj plakaty ne dajut = Man schlägt und lässt nicht weinen.

12. Um eine Arbeit als unnütz zu bezeichnen:

Szo durnyj robyt? — wodu mirjet = Was thut ein Thor? — Er misst Wasser.

13. Wenn Jemand sich mit Unrecht beklagt:

Detyna kaly szo byta; ale ne kaly za szo = Das Kind sagt, dass es geschlagen werde; aber nicht wofür.

14. Wenn man Jemandem Vorwürfe macht, dass er zu grossen Aufwand für seine Person mache, sich allzu sehr schone u. dgl.:

Ja sobi postiu kupiu, ale postiu mene ne urobyt (kupyt) = Ich werde mir einen Bundschuh kaufen, aber ein Bundschuh wird mich niemals erwerben (kaufen) können.

15. Wenn es einem Huzulen schlecht geht, er Unbilden ausgesetzt ist, antwortet er auf die Frage: *„Jek se majesz?“*, d. h. „Wie geht es Dir?“ mit den Worten:

Jek horoch pry dorozi; [chto idyt, to ho uskubet] = Wie den Erbsen neben dem Wege; — [jeder Vorübergehende pflückt sie.)

16. Wenn Jemand guten Rath u. dgl. nicht annehmen will:

Chto : mojim ne rad,

Ja : swojim nazad = Ist Jemand mit dem Meinen nicht zufrieden, so ziehe ich mich damit zurück.

17. Um anzudeuten, dass die Handlungsweise eines Menschen dem von ihm vorausgesetzten Charakter u. dgl. entspricht:

Jek byk zaryk, tak ryk = Wie der Stier gewohnt ist, so brüllte er.

18. Unser Sprichwort „Leben und leben lassen“ umschreibt der Huzule folgendermassen:

I koza cila, i wouk ne holodyn = Sowohl die Ziege ist ganz, als auch der Wolf nicht hungrig.

19. Um anzudeuten, dass man Beschäftigung, Verdienst sucht, dass man seiner gewohnten Arbeit nachgehe:

Kurka hrebyt, aby szo wihrebla = Die Henne scharrt, damit sie was ausscharre.

20. Um die Habgier der Rechtsvertreter zum Ausdruck zu bringen:

Adukanty skiri obderut = Die Advocaten schinden die Haut.

21. Um vor Processen zu warnen:

Lipsza solomiena zhoda (zlahoda), jek zolotyj proces = Besser ein „stroherner“ (magerer) Vergleich, als ein goldener Process.

22. Um Bestechungen zu eigenem Vortheil zu rechtfertigen oder zu denselben aufzumuntern u. dgl.:

Chto pomastyt, tot pojidyt = Wer schmiert, der fährt.

23. Um vor dem Entlehnen fremder Gegenstände zu warnen:

Za czuze teczko, dasz zwij remynec = Für das fremde Bastseil wirst Du deinen Riemen rückgeben müssen.

24. Um sich zu entschuldigen, dass man einen geforderten Gegenstand nicht leihen wolle:

Daj rukamy, a ne wichodesz nohamy = Gib mit den Händen, und du wirst es auch mit den Füssen (d. h. wenn du nachgehst und bittest) nicht wieder erhalten.

25. Von grosser Arbeit, die wenig Nutzen bringt:

Tre dny zachodu, do obid praznyku = Drei Tage Vorbereitungen (zum Feste), und nur bis zum Frühstück dauert die Unterhaltung.

26. Um vor Unzufriedenheit über den gegenwärtigen Zustand und allzu grossen Hoffnungen zu warnen:

Nagijause gid na mid, taj lech bez weczeri spaly = Der Alte machte sich stets Hoffnung auf Honig und ging schliesslich ohne Nachtmahl schlafen.

27. Um anzudeuten, dass etwas in Unordnung sei, am unrechten Orte liege u. dgl.:

U skreny pid ławyeyu = Im Kasten unter der Bank (der Kasten steht nämlich nie unter der Bank).

28. Wenn Jemand angibt etwas gefunden zu haben, das er vom gehörigen Platze nahm, oder wenn Jemand sich auf etwas Selbsverständliches viel einbildet:

Znajszou sokeru pid ławyeyu = Er fand die Hacke unter der Bank (die Hacke liegt nämlich immer unter der Bank).

29. Wenn Jemand über kleine Unbilden viel klagt, grösseren gegenüber aber sich gleichgiltig verhält: um anzudeuten, dass es vortheilhaft sei, sofort mit allem Ernst gegen Jemanden zu verfahren oder etwas zu beginnen:

Jek na medwedia małeńka hałuza upadyt, to win workotyt; jek wełeka, to mouczyt = Fällt auf den Bären ein kleiner Ast, so brummt er; fällt aber ein grosser, so schweigt er.

30. Das Sprichwort „Schweigen ist Gold" wird folgendermassen ausgedrückt:

Mouczy jezyczku, mesz jisty kaszku = Schweig' Zünglein, wirst Brei essen.

31. Wenn Jemand allzusehr ein müssiges Dasein anstrebt, um lange zu leben:

Chto ne wirobyt, tot wiłeżyt = Wer nicht seine Kraft bei der Arbeit verwendet, der wird dieselbe am Krankenbette verliegen.

32. Ueber die Ungerechtigkeit der Beamten wird gesagt:

Bih wysoku, cisar dałeko = Gott ist hoch, der Kaiser weit.

33. Um auszudrücken, dass mit einem Thoren kein Auskommen sei:

Chto by se durnomu proteweyu, danno by posewiu = Wer einem Thoren widerspräche, würde rasch altern.

34. Um mitzutheilen, dass man schlechte Geschäfte gemacht habe:

Zarobyu se, jek hołyj u terniu = Er gewann, wie ein Nackter im Dorngebüsch.

35. Um eine Aussage als lügnerisch zu bezeichnen, sagt man:

To taka czysta prauda, jek u zajecia douhyj fist = Das ist so reine Wahrheit, wie des Hasen Schweif lang ist.

36. Um Jemanden als einen unverschämten, ehrlosen Menschen zu kennzeichnen:

Kepy na hłuchoho, a win śmijełse = Schimpfe den Tauben, und er wird lachen.

37. „Viel Worte um nichts":

Bohato howoryty, a mało szo słuchaty = Viel zu sprechen und wenig zu hören.

38. Oder:

Mnohu sluchu, a malo tolku = Viel zu hören, aber kein Sinn.

39. Oder:

Koryto tista a !menıa pyrohiu = Ein Trog Teig, und eine Handvoll Mehltaschen.

40. Um auszudrücken, dass einem Reichen Alles gelingt:

Kohut jejce znesyt i byk tele nosyt = Der Hahn legt Eier und der Stier wirft ein Kalb. ·

41. Gegen allzustrenge Beurtheilung des Nächsten:

Cuže na bily perul, a u swojich hruzy ne wedie = Fremdes waschen sie völlig weiss, aber in Ihrem sehen sie auch den Morast nicht.

Ueber die schlechten Weiber. Familiengenossen, häusliche Uneinigkeit u. dgl. (Nr. 42—51):

42. *Pusta czeledyna, a drankawyj hornec, to sobi ridni* = Ein nichts-nutziges Weib und ein löchriger Topf gleichen einander.

43. *Baba rtom bjet, a ne widobjesz se kulakom* = Das Weib schlägt mit der Zunge derart, dass du sie mit der Faust nicht bezwingen wirst.

44. *Newistka tycha, szepyt jek !myja* = Eine böse Schwiegertochter zischt wie eine Schlange.

45. *Daszku zaplaty, swoju babu luby* = Zahle die Steuer, liebe deine Frau.

46. *Odno chodyt u gilcze, a druhy u netrudny* = Der eine Theil (des un-einigen Paares o. dgl.) geht zum Teufel und der andere zum Satan.

47. *Odno pleszczyt u tadoň, druhy krewyt se* = Eines klatscht vor Freude, das Andere verzieht (aus Leid) das Gesicht.

48. *Ilde bohato perciu, i woda perczena* = Wo viel Pfeffer (d. h. viel Zank) ist, dort ist auch das Wasser gepfeffert (d. h. ist Alles mit Schwierig-keiten verbunden, führt Alles Leid herbei).

49. *Leszyla se* (oder *dala se*) *na peremowu,*

Taj ztomyla sobi holowu = Sie liess sich in einen Wortwechsel ein und brach sich hiebei das Genick.

50. *Ilaba tyty jek głota jek połowa,*

A u stryja biła hołowa = Schwer fällt das Leben, wenn die Zahl der Hausgenossen gross und das Oberhaupt bereits grau ist. (Vergl. S. 29.)

51. *Nedola tieszka, hirka newola* = Schweres Unglück, bittere Gefangen-schaft!

52. Um auszudrücken, dass man die Mühe zu gross finde im Ver-hältniss zum Vortheil, der daraus erwachsen könnte:

I kaszi ne choczu i po wodu ne pidu = Ich will nicht den Brei und gehe auch nicht ums Wasser.

53. Ueber zu späte Hilfeleistung:

Nim sonce zijdy, rosa oczi wijist = Bevor die Sonne aufgeht, verzehrt der Thau die Augen.

54. „Das Seine das Beste":

Lipszy swoje łatany

Jek czułe łatany — Besser das eigene Geflickte als das vom Fremden Genommene.

55. „Mit grossen Herren ist nicht gut Kirschen essen" (zugleich bei nicht eingehaltenem Versprechen):

Pańska łaska do poroha; [ubicieu pan kożuch, tepły jeho słowo] — Herrengunst reicht bis zur Schwelle; — [versprochen hat der Herr den Pelz, warm ist aber nur sein Wort].

56. Wenn man Jemanden auffordert, eine Beleidigung o. dgl. gelassen hinzunehmen:

Um, łace tobi sołoma u hołowi — Hm, hast ja kein Stroh im Kopfe (sei also verständig und kränke dich darüber nicht).

XVII.
Der Tod und die Leichenfeier.

Ist Jemand so schwer erkrankt, dass ihm weder Heilmittel noch Beschwörungen, auch nicht das Anrufen der Heiligen, das „Miethen" von Messen und Gelübde, an Wallfahrten theilzunehmen, helfen können, oder hat wohl auch ein Gesunder schwere Ahnungen des bevorstehenden Todes — was schon öfters zugetroffen sein soll — so wird er in die oft schon jahrelang vorbereiteten Sterbegewänder gehüllt oder legt sich dieselben selbst an. Mit diesen Vorbereitungen eilt man umsomehr, als es geradezu für eine Sünde gilt, wenn der Kranke nicht mit den hiefür bestimmten Kleidern angethan seine Seele aushauchen würde. Deshalb ereignet es sich zuweilen, dass der Kranke selbst monatelang in diese Kleidungsstücke gehüllt dem Tode entgegensieht. Naht dieser, so zündet man rasch ein Licht an, um es im Augenblicke des Absterbens dem Hinscheidenden in die Hand zu drücken.

Ist der Tod eingetreten, so wird der Priester sofort davon verständigt, damit er für das Seelenheil des Todten die Glocken läuten lasse *(po duszi dzwonyty)*. Es herrscht auch der Glaube, dass, solange das Glockengeläute nicht ertönt, die Seele in den Feldern und Einöden umherirre; erst beim Klange der Glocken gelange sie an ihren Bestimmungsort. Reissen bei diesem Läuten *(podzwiny)* die Stränge der Glocken oder springen gar diese, so sagt man, dass der Verstorbene ein arger Sünder war. In den ersten Tagen nach dem Tode sucht die Seele immer noch ihren Körper auf. Von den Seelen ungetaufter Kinder ist bereits früher erwähnt worden, dass

sie sieben Jahre hindurch umherirren und um die Taufe flehen: sobald
sie aber dieselbe nicht erlangen, Teufel *(nauky)* werden und in die Hölle
(pekło) kommen. Hingegen ist zu merken, dass die Seelen unschuldiger
Kinder sofort Engel werden und in den Himmel *(raj, carstwo)* emporschweben;
daher gilt es als eine Sünde, den Tod solcher Kinder zu beklagen. Die
Seelen der Verbrecher, Hingerichteten, Selbstmörder und Zauberer finden
keine Ruhe; sie irren in der Welt umher, kommen immer wieder in die
Wohnung. welche ihre Körper zuletzt bewohnten, und bereiten den Insassen
derselben arge Unruhe. Aber auch anderwärts spuken diese Gespenster.
Von einem Menschen, der eine Todsünde begangen hat, sagt man: *win
utratyu duszu*, d. h. er hat seine Seele (das Seelenheil) verloren. Uebrigens
ist offenbar der Glaube an ein gewisses körperliches Fortleben der
Menschen nach dem Tode vorhanden, denn man gibt nicht nur dem eben
Abgestorbenen Speise mit, sondern sendet durch ihn auch den längst Ver-
schiedenen solche nach; und zu Weihnachten stellt man für die Todten
Speise und Trank in die Fenster.[1]

Zum Zeichen, dass ein Todter im Hause liegt, wird ein Handtuch zum
Fenster hinausgehängt. Die Aufbahrung besteht darin, dass man den
Leichnam mit einer weissen Leinwand bis an den Hals bedeckt, und zwar
wird das Kind unter sieben Jahren auf dem Tische, der Erwachsene aber
auf der Bank an der Frontseite des Hauses aufgebahrt. Der Sarg *(dere-
weszczy, domowyna, trumna)* wird in der Regel von den Werkleuten im
Trauerhause angefertigt. Bei Särgen für Kinder unter zwei Jahren fehlt die
Wand am Fussende, weil diese Kinder — wie schon erwähnt wurde — un-
behindert in den Himmel einziehen sollen. In den Särgen aber, welche für
Erwachsene bestimmt sind, wird rechts vom Kopfe eine Oeffnung angebracht, damit die Seele freien Zutritt zum Körper habe, oder — wie
andere sagen — der Todte aus seinem Hause heraussehen könne. Ist der
Sarg vollendet, so legt der Arbeiter sein Werkzeug in denselben; der
Aelteste der Familie bringt aber ein Gefäss voll Wasser und wäscht jenem
die Hände über dem Sarge. „Verzeihet mir *(proszczajty mene)!*" ruft hiebei
dreimal der Zimmermann, als ob er daran erinnern wollte, dass er nur noth-
gezwungen dem Familiengenossen das enge Haus gezimmert habe[2]. Hierauf
wird, wenn der Verstorbene ein Kind oder doch ledig war, für denselben
noch ein Kranz geflochten und ein Bäumchen *(derynec)* mit weisser und
rother Wolle geschmückt, Vorbereitungen, die man, wenn der Verstorbene
es erlebt hätte, für seine Hochzeit gemacht haben würde. Das Bäumchen
wird neben die Leiche gestellt, auf dem Weg zur Kirche und zum Friedhof
aber der Leiche vorangetragen, um schliesslich auf dem Grabhügel aufgesteckt zu werden.

Am Abend vor der Beerdigung kommen die Nachbarn und Bekannten,
ohne dass sie besonders eingeladen worden wären, in das Trauerhaus. Jeder

---

[1] Vergl. eine Bemerkung über die Seele noch S. 90.
[2] Vergl. den entsprechenden Brauch beim Fortlohnen der Hebamme. S. 6.

bringt ein Wachslicht mit und klebt es zu Häupten des Todten an: auf die Brust desselben legt er aber einige Kreuzer[1]) und verrichtet ein kurzes Gebet. Hierauf werden alle Gäste bewirthet, und gegen Mitternacht beginnen die Gesellschaftsspiele, wie dieselben schon früher beschrieben wurden[2]). Erst das Tagesgrauen setzt denselben ein Ziel. Während der ganzen Nacht ertönt, zumal bei Reichen, die Trembita, das Alphorn der Huzulen, in wehmüthigen, erschütternden Weisen. Zuweilen werden auch mehrere Bläser bestellt, die das Blasen auch während des Leichenzuges und selbst am Friedhofe noch nach der Beerdigung fortsetzen.

In den Busen des Todten werden Kuchen gesteckt, die für die früher hingeschiedenen Angehörigen bestimmt sind; diese Gabe wird *prehistnohe* genannt. Bei jedem Brötchen wird der Name des Todten genannt, dem dasselbe gehört. Anderwärts legt man dem Todten zwei Brötchen in die Achselhöhlen, und zuweilen pflegt man auch ein Stück Zucker in den Sarg zu legen. Schafwolle wird aber in den Sarg gestreut, damit der Todte warm liege; auch Krokus, Basilicum und andere Blumen werden in die Truhe gegeben. Den Leichnam legt man in dieselbe erst hinein, nachdem der Priester sie geweiht hat, was unmittelbar vor dem Antritte des Leichenzuges geschieht. In manchen Gegenden wird der Sarg nicht ins Haus getragen,[3]) vielmehr wird der Todte herausgebracht und am Hofe in den Sarg gelegt. Wird der Todte mit dem Sarge aus dem Hause getragen, so pflegt man an der Thürschwelle stehen zu bleiben und mit dem Sarge dreimal gelind an dieselbe zu stossen. Bei dieser Gelegenheit hält der Priester an die Versammelten eine Anrede, in der er dieselben im Namen des Verstorbenen um Verzeihung bittet, wenn er ihnen etwas zu Leide gethan; die Trauergäste antworten ihm aber mit den Worten: „Wir verzeihen ihm, möge ihm auch Gott verzeihen." Befindet sich der Leichnam schon im Freien, so werden die Fenster und die Thür geschlossen, und ein Weib schleudert im Hause einen Topf zu Boden, zum Zeichen, dass das Ungemach zu Ende sei und das Unglück von dieser Stätte weichen möge. In manchen Gegenden pflegt man auch den Sarg vor dem Hause stehen zu lassen und vor dem Antritte des Leichenzuges zunächst ein Mahl im Hause einzunehmen. Dabei wird der in der orientalischen Kirche allgemein übliche *parastas* abgehalten, indem der Priester über dem gedeckten Tische, auf dem übrigens wie an den Wänden der Stube auch Wachslichter angesteckt werden, Gebete verrichtet und den sogenannten *pomnianyk* vorliest, das ist das Verzeichniss

---

[1]) Alle Opfer, die man dem Todten bringt, können eine doppelte Bedeutung haben: entweder sollen sie ihm als Wegzehrung dienen, oder — und das ist sehr wahrscheinlich — man sucht sich durch dieselben von den üblen Einflüssen, die der Todte, etwa als Vampyr, ausüben könnte, loszukaufen. Das Volk ist sich der Bedeutung dieses wie der meisten anderen Gebräuche nicht mehr klar. Es antwortet auf die Frage, warum es dies oder jenes beobachte, gewöhnlich: *tak si hodyt* so geziemt es sich.

[2]) Vergl. S. 12.

[3]) In vielen Häusern wäre dies übrigens in Folge der engen Thüren und des geringen Raumes gar nicht möglich.

der verstorbenen Familienmitglieder.[1]) Der Todtenschmaus heisst auch *komaszsnia*.

Mit einer Schafwolldecke oder bei Armen und Kindern mit einer Leinwand bedeckt, wird der Sarg zur Kirche und zum Grabe getragen.[2]) Beim Ueberschreiten von Bächen, Flüssen u. dgl. pflegen die Anverwandten hie und da einige Münzen ins Wasser zu werfen. Klagelieder werden angestimmt *(holosyty)*; aber nur Weiber und Mädchen klagen; Männer und Burschen legen auf Mässigung Gewicht. Der Text dieser Lieder wechselt natürlich mit dem Alter und Stande des Verstorbenen, und da er stets improvisirt wird, so kehren nur gewisse ständige Phrasen in den Klagen wieder. So ruft man einem Kinde die Worte nach: „O, du silberner, goldener Engel, warum hast du uns verlassen...‟ „Warum hast du dir solch' eine Hochzeit gewählt; warum wolltest du mir die Augen nicht zudrücken, sondern ich musste dir diesen Dienst erweisen; warum willst du zu mir nicht sprechen...‟ tönt das Klagelied dem Burschen und Mädchen nach. Und für den Vater oder die Mutter, die dahingeschieden sind, lautet die Klage: „O, du meine einzige Stütze; o, du mein Alles, warum verlässt du mich; warum willst du mir keinen Rath mehr ertheilen; wessen Schutze vertraust du mich und diese Kinder an...‟ Es ist übrigens selbstverständlich, dass diese Lieder, die in einer nichts weniger als schönen Melodie gesungen werden, auch nach dem Verhältnisse des Klagenden zum Todten steten Veränderungen unterliegen.

Beim offenen Grabe angelangt, hält zunächst der Priester die vorgeschriebene Andacht. Bevor der Sarg dann versenkt wird, öffnet man im Falle eines plötzlichen Todes nochmals denselben. Es herrscht nämlich der Glaube, dass jedes furchtsame Weib, das die verzerrten Züge des Leichnams sieht, für immer von seiner Schwäche geheilt wird. Auch muss man sich im Falle des plötzlichen Todes überzeugen, ob der Hingeschiedene nicht die Zeichen eines Vampyrs aufweise. Unmittelbar vor dem Versenken des Sarges befestigt man in manchen Gegenden an dessen vier Ecken brennende Wachslichtchen und nimmt die Decke herab, um sie dem Priester zu übergeben. In das Grab werfen aber die Angehörigen Geldstücke mit dem Wunsche, dass der Todte in der gekauften Erde leicht und sanft ruhen möge; nachdem aber der Sarg bereits auf dem Boden des Grabes aufliegt, wirft zunächst der Geistliche und dann jeder der Anwesenden eine Erdscholle ins Grab. Nach der Beerdigung findet — wie in manchen Gegenden vor derselben — noch ein Leichenmahl statt; doch schwindet allmälig dieser

---

[1]) Vergl. die ausführlichere Schilderung dieses Brauches bei Kaindl und Manastyrski, Die Rutenen in der Bukowina, I, 72.

[2]) Ein Fall aus Seletyn, der sich bei einem Leichenzuge ereignete und mir vom Pfarrer des Ortes erzählt wurde, mag als überaus charakteristisch für den freilich urwüchsigen Humor der Huzulen angeführt werden. Es fand das Leichenbegängnis eines alten Weibes statt. Der Sarg wurde auf den Rücken eines Pferdes gebunden und so die Berglehne herabgeführt. Plötzlich fiel die Truhe vom Pferde und glitt den Berg herab, und — ein Theil der Trauergäste brach darüber in den fröhlichen Ruf aus: „Fangt, fangt, das alte Weib läuft davon!‟ *(„Łowit, łowit, baba utikaje!‟)*

Brauch in Folge dawider gerichteter gesetzlicher Bestimmungen. Hie und da pflegen auch die Angehörigen am dritten Tage nach der Beerdigung mit einer Schüssel voll Brot, Obst u. dgl. zum Grabe zu kommen, um den Priester ein gewisses Gebet *(panacheda)* verrichten zu lassen. Anderwärts veranstaltet man zum Andenken an den Todten sechs Wochen nach seinem Hinscheiden ein festliches Mahl *(obid)*, zu dem Verwandte und Freunde eingeladen werden. Bei demselben wird auch vom Priester neuerdings der „Parastas" verrichtet. Diese Todtenandachten finden übrigens auch an anderen, von der Kirche bestimmten Tagen statt; in der Regel fallen dieselben auf einen Samstag *(pamniatna sobota)*.

Die Trauerzeit währt bei den Huzulen nur kurz, eigentlich nur drei Tage, d. i. bis zur vollzogenen Beerdigung. Aeusserlich äussert sich dieselbe darin, dass der Mann und die Söhne ohne Kopfbedeckung umhergehen, die Frauen sich nicht waschen und kämmen, die Mädchen endlich ihr Kopfhaar aufgelöst tragen. Auch pflegt man, um seiner Trauer Ausdruck zu verleihen, nur in den unreinen Alltagskleidern umher zu gehen. Es kommt wohl vor, dass Männer schon wenige Wochen nach dem Tode ihrer Frauen zur neuen Ehe schreiten. Weibern ist dies innerhalb sechs Monaten wegen der Feststellung der Vaterschaft eines etwa zu gewärtigenden Kindes nicht gestattet. [1]

Am Ostersonntag und -Montag, dann am ersten Sonntag nach Ostern, in anderen Gegenden am St. Georgstag (23. April a. St. = 5. Mai n. St.), am Thomastage (7. Juli a. St. = 19. Juli n. St.) oder am Feste Mariä Geburt (8. September a. St. = 20. September n. St.), schliesslich auch am Tage des Kirchweihfestes im betreffenden Dorfe werden die Friedhöfe im feierlichen Umzuge besucht. Diese Feierlichkeit nennt man *oprowody*, *prowody* [2] oder *na hribkv.* [3] Die Angehörigen legen auf die Gräber ihrer Todten Brot, Käse, Milch u. dgl., ferner Branntwein nieder, zünden Lichter an, und der Priester verrichtet an jedem Grabe ein Gebet für den Verstorbenen. Nach Beendigung dieser Andacht werden die Speisen und Getränke für das Seelenheil *(za duszu)* der Todten an die Armen vertheilt. Diese dargebrachten Opfer heissen *mesoczky* oder *perepiczky.* [4]

Schliesslich sei noch bemerkt, dass auf den Grabhügeln Obstbäume, zumeist Zwetschken, gepflanzt werden. Von den Verstorbenen sagt aber das Sprichwort: „Sie sind, wo Recht herrscht; wir aber, wo Unbill waltet."

[1] Dies geht wohl nur auf kirchenrechtliche Bestimmungen zurück.

[2] Von *oprowodyty* = Umzug halten.

[3] Von *hrib* — Grabhügel, weil die geopferten Speisen auf diesen niedergelegt werden.

[4] Ersterer Name von der Schüssel = *meska*, in der die Opfer niedergelegt werden; letzterer nach den sogenannten kleinen Semmeln oder Broten.

HUZULISCHE STICKMUSTER

nach einem von Frl. LUDMILLA KISSLINGER zur Verfügung gestellten Mustertuche.

Ca. 4/10 der natürlichen Grösse.

(Ueber die Sticharten, die Verwendung und die Herkunft der Muster vergl. die beigegebenen „Erläuterungen".)

Zu KAINDL, Die Huzulen.

Lith. v. Ch. Reisser & M. Werthner.

Erläuterungen zur Farbendrucktafel.

Die Farbendrucktafel ist nach einem Mustertuche hergestellt worden, welches Fräulein Ludmilla Kisslinger zu diesem Zwecke angefertigt hat. Die Originalmuster für dasselbe sind in Sergie von den Fräulein Anna Hubrich, ferner Olympia und Johanna Hanicki, in Uścieryki und Jasienów górny vom Fräulein Kisslinger selbst gesammelt worden.

Ueber die Stickereien der Huzulinnen ist oben S. 67 f. ein Bericht des Fräuleins Kisslinger abgedruckt. Die in demselben genannten vier Stucharten sind sämmtlich in unseren Stickmustern enthalten. Der Kreuzstich ist in denselben durch ein ☐ bezeichnet; der Stielstich durch ////, der Kettenstich durch ⋙, der Wasserstich endlich durch ⋮ zur Darstellung gebracht. Im Muster Nr. 4 umfassen die Kettenstiche zum Theile vier Felder.

Die Huzulen verwenden die Buntstickerei fast ausschliesslich zur Ausschmückung der Hemden. Bei den Männerhemden ist dies jedoch selten üblich, und zwar werden schmale Borten am Kragen, Brustschlitz, dann am unteren Saume und den Rändern der Aermel befestigt. Derartige zwei Stickereien aus Sergie stellen die Muster Nr. 1 und 2 dar. Bei den Frauenhemden wird zumeist in den Achseltheil der Aermel ein breiterer Einsatz eingenäht, selten wird der ganze Aermel gestickt. Muster für diese Einsätze sind auf unserer Tafel unter 3—10 abgebildet, und zwar rühren 3, 4, 5 und 6 aus Sergie, 7 und 8 aus Uścieryki, endlich 9 und 10 aus Jasienów górny her.

Schliesslich mag noch bemerkt werden, dass es von der Beschaffenheit der Leinwand, auf welcher die Stickerei ausgeführt wird, abhängt, ob die Ornamente eine genau quadratische oder mehr rhombische Anordnung erhalten.